CATALOGUE

DES CABINETS

DE FEU MM. OZANNE ET COINY.

CATALOGUE
D'OBJETS D'ARTS

DES CABINETS

DE FEU M. OZANNE,

ANCIEN INGÉNIEUR DE LA MARINE ;

ET DE FEU M. COINY,

DESSINATEUR ET GRAVEUR :

Précédé d'une Notice historique sur chacun de ces deux Artistes.

Par F.-L. REGNAULT-DELALANDE,

PEINTRE ET GRAVEUR.

Prix : 1 franc.

PARIS,

Chez l'Auteur, rue Saint-Jacques, cul-de-sac des Feuillantines, n.° 12.

DE L'IMPRIMERIE DE LEBLANC.

1811.

ANNONCE.

VENTE DE TABLEAUX,

GOUACHES ET DESSINS,

ESTAMPES ENCADRÉES OU EN FEUILLES,

RECUEILS de différens Maîtres, Galeries et Cabinets ; Livres d'Estampes, Livres à Figures ; Objets de Curiosités, et Planches gravées :

APRÈS LE DÉCÈS de M. OZANNE, ancien Ingénieur de la Marine ; et APRÈS LE DÉCÈS de M. COINY, Dessinateur et Graveur;

Le Lundi 2 Décembre 1811, six heures de relevée ; et jours suivans, à pareille heure, jusqu'au 11 dudit mois inclusivement,

RUE DES BONS-ENFANS S. HONORÉ, N.º 12.

Nota. On verra chacun des neuf jours de vente, depuis onze heures du matin jusqu'à deux heures après midi, les articles des vacations du soir.

LA PRÉSENTE ANNONCE SE DISTRIBUE A PARIS,

Chez MM. { ANDRÉ, Commissaire-Priseur, rue des Petits-Augustins, N.º 24 ;

REGNAULT-DELALANDE, Peintre et Graveur, rue Saint-Jacques, cul-de-sac des Feuillantines, N.º 12.

1811.

DÉPT DE LA SEINE.

ORDRE DE LA VENTE.

PREMIERE VACATION,

Le Lundi 2 Décembre 1811.

TABLEAUX. — N.° 1 à 32 compris.

OBJETS DE CURIOSITÉS. — N.° 504 à 514 compris.

DEUXIEME VACATION,

Le Mardi 3 Décembre.

GOUACHES ET DESSINS ENCADRÉS OU EN FEUILLES. — N.° 33 à 87 compris.

TROISIEME VACATION,

Le Mercredi 4 Décembre.

ESTAMPES EN FEUILLES. — N.°⁵ 88, 89, 90, 91, 93, 94, 95, 99, 100, 102, 106, 109, 110, 111, 112, 115, 119, 121, 124, 134, 135, 138, 139, 145, 146, 150, 151, 163, 194, 196, 219, 250, 276, 284, 288, 290, 292, 296, 302, 315, 319, 329, 330, 331, 332, 334, 359, partie, et 360, partie.

QUATRIEME VACATION,

Le Jeudi 5 Décembre.

ESTAMPES EN FEUILLES. — N.°⁵ 108, 120, 141, 144, 148, 152, 164, 165, 166, 167, 168, 173, 178, 182, 184, 189, 193, 195, 197, 201, 204, 207, 208, 209, 210, 211, 214, 215, 216, 217, 223, 232, 233, 322, 327, 328 et 333.

VIGNETTES. — N.° 345 à 351 compris.

PORTRAITS. — N.° 352 à 359, partie comprise, et 360, partie.

CINQUIEME VACATION,

Le Vendredi 6 Décembre.

ESTAMPES EN FEUILLES. — N.°⁵ 92, 114, 123, 128, 129, 131, 132, 133, 136, 137, 140, 153, 157, 158, 159, 174, 175, 180, 183, 187, 188, 198, 199, 200, 202, 203, 206, 218, 220, 221, 224, 225, 227, 228, 230, 231, 243, 244, 246, 247, 248, 249, 252, 253, 254, 255, 256, 259, 260, 261, 262, 263, 264, 267, 268, 272, 277, 278, 279, 280, 281, 282, 283, 323, 324, 325, 326 et 360, partie.

SIXIEME VACATION,

Le Samedi 7 Décembre.

ESTAMPES EN FEUILLES. — N.ᵒˢ 96, 97, 103, 113, 117, 118, 127, 142, 147, 149, 154, 155, 156, 160, 171, 172, 176, 179, 185, 186, 191, 192, 212, 213, 226, 234, 235, 237, 238, 239, 240, 241, 242, 251, 257, 258, 265, 269, 270, 271, 273, 274, 275, 285, 286, 289, 291, 297, 298, 299, 300, 301, 303, 304, 305, 306, 307, 308, 316, 320, 321 et 360, partie restante.

SEPTIEME VACATION,

Le Lundi 9 Décembre.

ESTAMPES ENCADRÉES ET EN FEUILLES. — N.ᵒˢ 98, 101, 104, 105, 107, 116, 122, 125, 126, 130, 143, 161, 162, 169, 170, 177, 181, 190, 236, 266, 287, 293, 294, 317, 318, 335, 336, 337, 338, 339, 340, 341, 342, 343 et 344.

RECUEILS. — N.ᵒˢ 362, 365, 366, 370, 371 et 372.

LIVRES D'ESTAMPES ET LIVRES A FIGURES. — N.ᵒˢ 387, 388, 389, 390, 399, 400, 413, 414, 415, 422, 428, 429, 435, 436, 439, 440, 441, 442, 461, 463, 464 et 471.

HUITIEME VACATION,

Le Mardi 10 Décembre.

ESTAMPES EN FEUILLES, RECUEILS, GALERIES ET CABINETS. — N.ᵒˢ 245, 295, 309, 310, 311, 312, 313, 314, 363, 364, 367, 368, 369, 378, 381, 382, 384, 385 et 386.

LIVRES D'ESTAMPES ET LIVRES A FIGURES. — N.ᵒˢ 391, 392, 393, 394, 395, 401, 402, 410, 411, 412, 423, 424, 425, 426, 427, 433, 434, 437, 443, 444, 445, 446, 454, 455, 459, 467, 468, 469, 478, 479, 480, 481, 482, 487, 488 et 489.

LIVRES SUR LES ARTS. — N.ᵒ 492 à 503 compris.

NEUVIEME VACATION,

Le Mercredi 11 Décembre.

ŒUVRES, RECUEILS ET GALERIES. — N.ᵒˢ 205, 222, 229, 361, 373, 374, 375, 376, 377, 379, 380 et 383.

LIVRES D'ESTAMPES ET LIVRES A FIGURES. — N.ᵒˢ 396, 397, 398, 403, 404, 405, 406, 407, 408, 409, 416, 417, 418, 419, 420, 421, 430, 431, 432, 438, 447, 448, 449, 450, 451, 452, 453, 456, 457, 458, 460, 462, 465, 466, 470, 472, 473, 474, 475, 476, 477, 483, 484, 485, 486, 490 et 491.

PLANCHES GRAVÉES. — N.ᵒ 515 à 522 compris.

Nota. On aura toutes facilités pour voir les articles, les matins de chaque jour de vente; mais une fois adjugés, ils ne seront repris pour aucune cause quelconque.

TABLE

DES MATIÈRES.

ij   *Table des Matières.*

Fin de la Table.

NOTICE

SUR

NICOLAS-MARIE OZANNE.

NICOLAS-MARIE OZANNE naquit à Brest,
le 12 janvier 1728. Appelé, par la nature, à
l'étude du dessin, dès l'âge le plus tendre, le
jeune Ozanne traçait des figures sur les murs de
la maison de son père, avec tous les charbons
qui lui tombaient sous les mains. Ses parens,
pénétrés de l'utilité de lui laisser suivre un pen-
chant aussi fortement prononcé pour les arts, le
placèrent chez M.ʳ Roblin, professeur de dessin
et maître des gardes du pavillon et de la marine
du port de Brest. Cet artiste, secondant l'ardeur qu'il montrait pour le dessin, lui en donna
les premières leçons. Son esprit au-dessus de
son âge et la grande vivacité de sa conception
aidèrent à la rapidité de ses progrès; ils furent
tels, que l'élève, à-peine âgé de quatorze ans,
fut jugé être en état de seconder le maître dans
ses leçons.

Adjoint à M.ʳ Roblin le 1.ᵉʳ juillet 1742, il
exerça cette fonction, sans traitement, jusqu'au
1.ᵉʳ janvier suivant, époque à laquelle ses appoin-
temens furent fixés à 300 livres. La haute opinion
que ses élèves eurent bientôt de ses talens, leur fit
suivre, avec confiance, les leçons qu'il était chargé

de leur donner. Sa scrupuleuse exactitude à remplir ses devoirs, détermina ses supérieurs, lors de la mort de M.ʳ Roblin, en 1750, à lui accorder la place de professeur, avec 800 livres de traitement.

L'année suivante, le ministre de la marine, M.ʳ Rouillé, l'appela à Paris, pour y dessiner les vaisseaux, dans les planches représentant les vues du Hâvre, faites à l'occasion du voyage de Louis XV dans ce port, en 1749. A son retour à Brest, M.ʳ Ozanne, à-peine âgé de vingt-deux ans, sentit la nécessité de perfectionner ses études; il demanda, mais il n'obtint qu'en 1754, ce qu'il désirait si ardemment, la permission de revenir à Paris, pour puiser, au centre des arts, de nouvelles connaissances. Arrivé dans cette ville, Char. Natoire et Franç. Boucher, peintres, et J. Ingram, graveur, l'aidèrent de leurs conseils; l'assiduité et l'ardeur qu'il porta à l'étude, le firent profiter, en peu de temps, des leçons de ces maîtres.

Après dix-huit mois de séjour, consacrés au travail, il quitta la capitale, pour retourner à Brest reprendre ses fonctions : à-peine arrivé, un ordre du ministre M.ʳ de Machault, qui avait remplacé M.ʳ Rouillé, le fit passer à Toulon, pour y exécuter des dessins relatifs à l'escadre de M.ʳ de La Gallissonière, escadre destinée à l'expédition de Minorque, effectuée en 1756 : on se rappelle la conquête de cette île et du Port-Mahon, par M.ʳ de La Gallissonière et M.ʳ le maréchal de Richelieu. M.ʳ Ozanne fut récompensé de ses différens travaux par le brevet de dessinateur de la marine.

Peu de temps après, M.ᵣ Ozanne est nommé constructeur des chaloupes et des gondoles du canal de Versailles, et chef des matelots nécessaires à ces embarcations ; place à laquelle l'appela M.ᵣ de Marigny, directeur-général des bâtimens. Sa résidence devenue nécessaire dans cette ville, son jeune frère, M.ᵣ Pierre Ozanne, le remplaça à Brest, dans celle de professeur ; dès 1750, il lui avait été adjoint comme sous-professeur.

On choisissait alors en France, dans le nombre des savans et des artistes, des personnes dignes d'entourer les princes; c'est à ce titre que M. Ozanne eut l'honneur d'être admis près de M.ᵍʳ le duc de Bourgogne : accompagnant son Altesse royale dans les promenades qu'elle faisait sur le canal, et conduisant la gondole montée par ce prince, M.ᵣ Ozanne saisissait ces momens heureux pour lui donner des leçons pratiques sur la manière de diriger les vaisseaux sur mer par les moyens de la boussole; il faisait alors l'application de la théorie qu'il lui avait démontrée.

Attaché, en 1762, au bureau des ingénieurs-géographes de la guerre, M.ᵣ Ozanne se démit de cette place après six années d'exercice. En 1766, il construisit au Hâvre, aux frais de M.ᵣ de Courtanvaux, une frégate, pour faire à la mer les premières épreuves des montres marines que M.ᵣ Julien Le Roi venait de présenter à l'Académie des Sciences; une station faite à Boulogne, pendant cette campagne, fut employée, par cet ingénieur, à lever le plan du port d'Ambléteuse, ordonné par M.ʳ de Choiseul. Dans ses dernières stations à Roterdam et à Amsterdam, les Hollandais admirant la frégate dont il était le constructeur, et désirant s'attacher un homme aussi habile, lui firent proposer, par des commissaires de l'amirauté, les plus grands avantages; mais l'amour qu'il portait à sa patrie ne lui permit pas d'accepter les places et les honneurs qui lui étaient offerts.

Appelé, en 1769, à l'éducation des princes, pour y enseigner les élémens de la construction et de la manœuvre des vaisseaux, M.ʳ Ozanne étendit cette étude sur la tactique navale, les faits de la marine française, depuis le commencement du règne de Louis XIV, jusqu'à la guerre qui a procuré l'indépendance aux Etats-Unis d'Amérique; la connaissance des ports, d'après des plans, des vues et des descriptions; et, enfin, à l'histoire navale de la France et de ses arsenaux. Dans cette nouvelle carrière, entièrement consacrée à l'étude de la marine, la confiance dont ses augustes élèves honoraient ses talens, lui donna souvent l'occasion de servir ce département.

Après cinquante années de travaux, M.ʳ Ozanne obtint, en 1789, la permission de quitter le service; service dans lequel son zèle et son exactitude lui avaient acquis la bienveillance et l'estime du corps de la marine.

Les sciences et les arts qu'il avait professés avec

succès, et qu'il continua d'exercer, vinrent embellir sa retraite : la société de quelques amis dignes de l'apprécier, et les tendres soins de sa famille, témoin habituel des vertus privées dont il fut le modèle, y portèrent un nouveau charme et l'aidèrent à arriver au terme d'une vie sans reproche, qu'il sembla ne quitter que par la seule nécessité de cesser d'exister.

M.ʳ Ozanne est mort à Paris, le 3 janvier 1811.

Esprit vif et pétulant, M.ʳ Ozanne se défendait quelquefois difficilement d'un premier emportement; mais la douceur de son caractère tempérait aussitôt ce mouvement, et sa politesse extrême en faisait bientôt disparaître jusqu'à la trace la plus légère. Bon et obligeant, le désir d'être utile ne l'abandonna pas même dans le pays de la faveur; il y porta le désintéressement souvent trop étranger aux personnes qui l'habitent, et n'y employa jamais son crédit que pour appuyer les demandes justes, et sur-tout celles qui pouvaient être utiles au service de l'Etat. Son profond savoir l'avait rendu un des hommes les plus intéressans à entendre sur l'art de la navigation : parfaitement instruit dans l'histoire de la marine, sa conversation, intarissable sur ce sujet, était toujours très-instructive, rapportant avec franchise et impartialité les belles actions militaires des marins de tous les pays; il ne pouvait pardonner à une nation rivale, des traits qu'il regardait comme des actions de pirates, faits, selon lui, pour ternir les exploits les plus éclatans.

Les Dessins de Mr Ozanne offrent en général des productions exécutées avec facilité; son adresse à profiter des masses de fumée produites par l'artillerie, dans les batailles navales, a souvent concouru à rendre très-piquans d'effet les combats qu'il a représentés. On a toujours cité avec éloge ses vues de ports; la vérité et la scrupuleuse exactitude, qui en font le principal mérite, y sont portées à un si haut degré, qu'il a acquis, dans ce genre, une réputation difficile à atteindre.

On connaît près de trois cents planches à l'eau-forte, de la main de ce maître; on distingue, dans ce nombre, le Traité de la Marine militaire, ouvrage dédié à Mr de Choiseul, en 1762; dans ce recueil de cinquante planches *in*-8. sont représentés les vaisseaux qui servent à la guerre, et les manœuvres qui ont le plus de rapport aux combats, ainsi qu'à l'attaque et à la défense des ports. Les marins connaissent tous plusieurs ouvrages ultérieurement publiés, où la plupart de ces sujets, tels que ceux qui développent le gréement des vaisseaux par figures progressives, se trouvent répétés; le Dictionnaire de Falconnet, publié à Londres, en 1780, est de ce nombre. La plupart des autres planches forment des cahiers de principes de paysages maritimes, vues de ports, vaisseaux évoluans, manœuvres de guerre, et des vignettes pour le Traité de Construction, de Tactique navale, de MM. Duhamel-du-Monceau et Bigot de Morogues.

Dans le nombre considérable de morceaux

gravés d'après lui, on trouve le Recueil des Combats de Dugay-Trouin, ouvrage exécuté par Jeanne-Françoise Ozanne, l'une de ses sœurs, et M.ʳ Le Gouaz, son beau-frère (1); les nouvelles Vues pittoresques des Ports de France, soixante planches, par M.ʳ Le Gouaz; des Vues de Saint-Domingue, gravées sous la direction de M.ʳ Ponce, pour l'ouvrage de M.ʳ Moreau de Saint-Mery, sur cette colonie; et les planches du Recueil de Combats et d'Expéditions maritimes, ou Exemples des progrès de la tactique et de l'art de construire des vaisseaux dans les deux derniers siècles, gravées par M.ʳ Dequevauviller.

Le nombre des élèves de M.ʳ Ozanne, si l'on y comprenait tous les gardes de la marine qui ont reçu de ses leçons, serait sans doute très-considérable; mais nous ne citerons ici que quelques-uns de ses autres élèves, et dont il existe des ouvrages gravés : on distingue, dans ce nombre, ses deux sœurs, Jeanne-Françoise Ozanne (2), Marie-

---

(1) En publiant ce recueil, M.ʳ Ozanne en fit hommage de vingt-quatre exemplaires à la patrie du héros dont il venait de signaler les hauts faits. Les habitans de Saint-Malo, pour lui témoigner leur reconnaissance, le déclarèrent citoyen de leur ville, et lui décernèrent le droit de bourgeoisie : extrait de cette délibération, en date du 7 juin 1774, lui fut envoyé par M.ʳ Magon de La Villehuchet, maire de cette ville; cet envoi était accompagné d'une lettre de remercîmens du corps municipal.

(2) *Jeanne-Françoise Ozanne*, graveur, née à Brest, en 1735; morte à Paris, le 20 février 1795.

Jeanne Ozanne (1), M.ʳ Pierre Ozanne, son frère (2), et M.ʳ Le Gouaz, son beau-frère (3).

---

(1) *Marie-Jeanne Ozanne*, graveur, née à Brest, en 1736. Cette artiste mourut à Paris, le 16 février 1786; elle avait épousé, en 1767, M.ʳ Le Gouaz, graveur: elle laissa de ce mariage M.ˡˡᵉ Marie-Amélie Le Gouaz, veuve de M.ʳ Coiny, dessinateur et graveur.

(2) M.ʳ *Pierre Ozanne*, né à Brest, ancien officier du génie maritime.

(3) M.ʳ *Yves-Marie Le Gouaz*, graveur.

Nota. M.ˡˡᵉˢ Ozanne et M.ʳ Le Gouaz ont aussi étudié chez Jac. Aliamet, graveur; et M. Pierre Ozanne chez Jos.-Marie Vien, peintre.

NOTICE

SUR

JACQUES-JOSEPH COINY.

L'on a généralement observé que l'homme doué de dispositions heureuses pour les beaux-arts, avait le double avantage d'avoir des études moins pénibles, et d'être plus tôt en état d'en recueillir le fruit, lorsqu'il avait le bonheur d'être né d'un père qui s'y distinguait.

Jac.-Jos. Coiny, né à Versailles le 19 mars 1761, d'un orfèvre de cette ville (*), paraissait devoir jouir de ces avantages. Destiné par son père à lui succéder, il devint l'objet de ses plus tendres soins, espérant qu'un jour ce fils chéri serait en état d'exécuter de ces grands ouvrages, où l'étendue du génie et le savoir peuvent briller de tout

---

(*) Louis-Urbain Coiny, orfèvre à Versailles, était issu d'une bonne famille, originaire de Suisse, qui s'établit en France sous le règne d'Henri III. Le chef de cette famille entra au service de ce prince, et devint officier d'une compagnie de ses gardes ; lors des troubles qui survinrent, il quitta le parti des armes et suivit la profession d'orfèvre, profession dans laquelle lui et ses descendans se sont distingués par leurs talens et leur rare probité.

leur éclat; mais à-peine avait-il atteint sa hui-
tième année, qu'il perdit ce guide si nécessaire pour le diriger. Sa mère, restée veuve avec
quatre enfans, s'arma de courage, et, dans cette
douloureuse situation, elle ne négligea rien pour
leur faire continuer les études qu'ils avaient com-
mencées, et sacrifia tout à perfectionner leur éducation. Jac.-Jos. Coiny, dont il est ici question,
fut mis en pension à Saint-Germain-en-Laye. En
1775, ses études achevées, sa mère le plaça de
suite à Paris, chez M.ʳ Rameaux, pour y apprendre l'orfévrerie. Les leçons du dessin, nécessaires
à cette profession, développèrent dans ce jeune
homme les rares dispositions qui l'appelaient à la
culture des beaux-arts; dès-lors il y donna la plus
grande partie de son temps, aidé des conseils de
M.ʳ Suvée, peintre, et futur gendre de M.ʳ Rameaux, et des originaux que cet artiste lui prêta;
il dut ses progrès aux excellentes leçons de ce
maître, et plus encore à sa grande assiduité au
travail : quoiqu'il ne portât pas à celui de l'orfévrerie la même ardeur, il obtint cependant bientôt une place au rang des plus habiles, dans l'ate-
lier de M.ʳ Rameaux.

Sa forte passion pour le dessin, et le peu de
goût qu'il avait pour l'état auquel on le destinait,
le déterminèrent à quitter, après trois années,
cette profession à laquelle il ne se sentait nulle-
ment appelé; il employa alors tout son temps à
consulter et à copier les ouvrages des grands
maîtres. Entré peu après dans l'école de Jac.-Ph.

Le Bas, l'une des meilleures du siècle dernier, et dans laquelle se sont formés une foule d'hommes de mérite, il y montra pour la gravure les plus heureuses dispositions : son désir de s'y rendre habile le fit aisément remarquer d'un maître accoutumé à encourager ses élèves et à leur donner tous ses soins. Partageant le temps de son travail, le matin il étudiait d'après l'antique, et le soir d'après nature, à l'Académie Royale. A cette étude du dessin vint se joindre alors celle de la gravure ; mais il donna toujours à la première une préférence marquée, persuadé avec raison que, sans le dessin, il n'obtiendrait jamais que des succès éphémères.

Voulant ajouter de nouvelles études à celles qu'il avait déjà faites, il passa en Languedoc. Les beaux sites des environs de Montpellier, de Toulouse et de Nîmes, et les monumens que renferment ces villes célèbres, devinrent pour lui des sources fécondes où il puisa d'excellentes leçons.

La douceur et l'aménité du jeune Coiny le faisaient rechercher de la plupart des élèves qui suivaient la même carrière ; des liaisons d'amitié, fondées sur l'estime et la conformité des goûts, s'étaient plus particulièrement formées entre lui et un de ses émules, M.^r Le Tellier, peintre de paysages. Ces deux artistes, pour ajouter à leurs talens, allèrent en Suisse, avec l'intention d'étudier, dans ce pays, les grands effets de la nature : parcourant bientôt ces montagnes escarpées, ils contemplaient, du haut de leurs cîmes, ces belles vallées où l'œil tranquille jouit du calme dont elles offrent une parfaite image; ils en dessinèrent les plus heureux sîtes; mais à-peine trois mois s'étaient écoulés, qu'ils furent obligés d'interrompre le cours de leurs travaux : M.ʳ Le Tellier, attaqué d'une maladie grave, fut forcé de revenir à Paris; M.ʳ Coiny l'accompagna, et lui prodigua, sur la route, tous les soins de l'amitié (1).

A son retour à Paris, un de ses oncles le fit présenter, par M.ʳ de la Breteche, à M.ʳ de Saint-Non. Cet amateur des arts, alors occupé de la belle édition de son *Voyage de Naples et de Sicile*, s'entourait, pour l'exécution des planches de cet ouvrage, des meilleurs maîtres; il saisit l'occasion de leur adjoindre un artiste d'une aussi grande espérance. M.ʳ Coiny grava pour M.ʳ de Saint-Non plusieurs eaux-fortes; elles surpassèrent, par le mérite de leur exécution, l'attente de cet amateur : parfaitement en harmonie avec celles d'Allix (2) et de M.ʳ Duplessi-Bertaux, notre

---

(1) *François Le Tellier*, fils d'un fabricant de Paris, naquit dans cette ville, en 176.. Placé très-jeune chez Le Bas, pour apprendre la gravure, il quitta cet art, pour étudier la peinture; M.ʳ Hue lui donna quelques conseils. Cet artiste d'une grande espérance fut enlevé très-jeune aux arts, à sa famille et à l'amitié; il mourut à Paris, en 17...

(2) *François Allix*, graveur à l'eau-forte et au burin, né à Honfleur, en 1753, élève de Descamps,

artiste partagea, avec ces deux graveurs, la gloire d'avoir exécuté le plus grand nombre d'eaux-fortes des planches de cet ouvrage. Peu de temps après, M.ʳ Coiny attaqué des fièvres, qu'il garda pendant un assez long espace de temps, ne dut sa guérison qu'aux soins empressés de sa famille. L'amour de son art ne l'abandonna pas dans cette maladie, et, malgré sa faiblesse extrême, le peu d'intervalles qu'elles lui laissaient étaient employé à étudier, ou à graver pour M.ʳ de Saint-Non.

En 1784, M.ʳ Coiny commença ses planches de la suite des Fables de La Fontaine, d'après les dessins de M.ʳ Vivier. Cet ouvrage, vulgairement connu sous la dénomination de *Fables de Simon* (1) *et Coiny*, a été exécuté en grande partie par notre artiste, qui en a fait graver plusieurs planches par M.ʳ Duplessis-Bertaux (2). Le succès

---

peintre, et de Le Bas, graveur, mourut à Paris, en 1794. On distingue, dans le nombre des planches qu'il a gravées, beaucoup d'eaux-fortes pour le Voyage de Naples et Sicile, et les Ports de Cadix, de Carthagène et de Lisbonne, très-grandes planches d'après M.ʳ Noel.

(1) *Simon Simon*, graveur, né à Paris, en 1759, élève de M.ʳ François-Anne David, graveur, mourut d'un coup de sang dans sa ville natale, le 20 janvier 1807.

(2) Le privilége, pour cet ouvrage, avait été accordé à Simon; il céda à M.ʳ Coiny la moitié de ce droit, et eut part aux premiers succès de cette entreprise; succès dus, en grande partie, aux talens

de cette première entreprise le détermina à en faire une seconde, les Métamorphoses d'Ovide ; en 1786, il en fit paraître la première livraison (*).

Tourmenté depuis long-temps de l'envie de voir l'Italie, Mr Coiny sacrifiait toutes les jouissances que pouvaient lui permettre ses bénéfices, les destinant à être employés au voyage qu'il se proposait de faire dans cette patrie des beaux-arts. Son économie ayant hâté ce moment heureux, il partit pour l'Italie en 1788. Arrivé à Rome, les restes précieux des anciens monumens qui attestent la magnificence des Grecs et la grandeur des Romains, les mosaïques de la basilique de Saint-Pierre, les fresques du Vatican et les tableaux des palais et des principales galeries de cette capitale, partagèrent son admiration. Il les parcourut avec rapidité, et se promit de revenir bientôt en faire l'objet de ses plus sérieuses études. Les ouvrages de Raphaël et ceux du Poussin ayant plus particulièrement fixé son attention, il acquit, en dessinant d'après ces deux maîtres, cette manière sévère et la pureté des formes qui ont de-

---

de Mr Coiny, qui, bientôt devenu propriétaire de l'autre moitié du privilége que Simon lui céda, termina seul cet ouvrage.

(*) Ces figures, de même format que celles des fables, ont été gravées d'après les dessins de Mr Jean-Baptiste Régnault, peintre, membre de l'Institut de France; Mr Coiny n'en a publié que les trois premières livraisons.

puis distingué ses productions. Dessinant les vues pittoresques et les sîtes les plus curieux des environs de cette ville, les momumens et les vestiges qu'elle renferme, et dont elle présente une si imposante réunion, il ne négligeait rien de ce qui pouvait concourir à perfectionner ses talens. Son zèle à l'étude le détermina à visiter les autres parties de l'Italie, climats heureux où semble régner un printemps éternel, qui a fait dire au poëte Sannazar : *Un pezzo di cielo caduto in terra* (1). Animé d'une nouvelle ardeur à la vue des chefs-d'œuvre que chaque pas présentait à ses yeux étonnés, il ne laissait échapper aucune occasion de les dessiner. On se persuadera aisément combien dut être laborieuse la course rapide qu'il fit dans ces belles contrées, par le grand nombre d'études qu'il en rapporta (2).

Revenu en France en 1790, M.ʳ Coiny était dans l'intention de signaler son retour à Paris par quelques travaux dignes de la réputation qu'il avait acquise en Italie ; mais les troubles qui affligeaient sa patrie ne lui permettant pas de faire de grands ouvrages, il se vit forcé d'en ajourner

____

(1) Que c'était un morceau du ciel tombé sur la terre.

(2) On trouve, dans les porte-feuilles d'études faites par M.ʳ Coiny, une suite de Têtes précieusement dessinées d'après les fresques de Raphaël ; le Massacre des Innocens, d'après un tableau du Poussin au palais Justiniani ; et nombre d'Antiquités et de Vues des plus beaux sites de Rome et d'autres lieux d'Italie.

**

l'exécution. Il termina alors ses planches de la suite des Fables de La Fontaine, et en exécuta nombre d'autres, parmi lesquelles on en distingue plusieurs pour les Poésies d'Horace, les Œuvres de Racine et de Voltaire; la Vue du château de Carisbrook; Rosa, et d'autres romans; des morceaux pour la Galerie de Florence, le Musée français, le Voyage d'Egypte, de M.ʳ Denon, le Voyage pittoresque de Constantinople et des rives du Bosphore, par M.ʳ Melling, les Campagnes d'Italie, et des planches pour la Fable de Psyché, d'après Raphaël (*).

Mais les temps prospères que ramena le héros auquel la France doit ses hautes destinées, donnant un nouvel être aux beaux-arts, on les vit bientôt rivaliser pour représenter les grandes actions du Prince qui fait le bonheur et la gloire de l'Empire. M.ʳ Coiny entreprit alors de graver la Bataille de Marengo, d'après le tableau de M.ʳ Lejeune, artiste qui acquiert des droits à la reconnaissance publique, en retraçant chaque jour, dans ses ouvrages, les grands faits d'armes du héros du siècle, l'admiration de l'Europe, la gloire et l'amour des Français : on conçoit aisément le soin extraordinaire que M.ʳ Coiny apporta à l'exécu-

---

(*) L'admiration de M.ʳ Coiny, pour les ouvrages de ce maître, lui avait fait entreprendre cette suite; la finesse d'exécution qui distingue le peu de morceaux qu'il en a gravés, doit faire regretter qu'il n'ait pu l'achever.

tion de cette planche ; peu d'ouvrages aussi considérables offrent une si belle conduite de travail ; elle se distingue par une couleur vigoureuse et un ton très-harmonieux ; le passage des ombres aux lumières y est ménagé avec art, et les contours prononcés avec science et fermeté.

Tant de soins et de peines s'accordaient peu avec une santé aussi délicate que l'était celle de M.ʳ Coiny ; cette tension continuelle au travail contribua sans doute beaucoup à la détruire. Son tempérament, visiblement altéré lorsqu'il commença la planche de la Bataille de Marengo, ne pouvait guère se remettre en exécutant une entreprise aussi considérable ; elle acheva d'affecter ses moyens physiques à un point extraordinaire. Ainsi, ce morceau, le premier des grands ouvrages qu'il avait entrepris, devint le terme de ses travaux ; sa maladie s'aggravant de plus en plus, enleva bientôt tout espoir de guérison ; les secours de l'art, les veilles et les soins d'une épouse chérie, n'apportèrent que de faibles soulagemens à ses maux ; son état de dépérissement toujours croissant, annonça bientôt à sa famille en larmes, à des amis et à des artistes vivement affectés, la perte irréparable qu'ils allaient faire : M.ʳ Coiny termina sa carrière à Paris, le 28 mai 1809 (*).

(*) M.ʳ Coiny avait épousé, en 1794, M.ˡˡᵉ Marie-Amélie Le Gouaz, fille de M.ʳ Le Gouaz, graveur, et nièce de MM. Ozanne, ingénieurs de la marine ; il a eu de cette union trois fils, dont un seul

Doué de cette modestie compagne des vrais talens, Mr Coiny joignait à l'avantage d'un esprit fin et délicat, une figure aimable, où se peignait la douceur de son caractère; l'étude des arts auxquels sa vie presqu'entière avait été consacrée, avait rendu sa conversation instructive; cette conversation acquérait un nouvel intérêt, par la grace dont il savait animer ses discours; sa rare urbanité venait y porter de nouveaux charmes et savait lui concilier l'amitié de tous ceux qui l'entouraient.

Dessinateur habile, on a de lui des compositions d'histoire, et sur-tout des vues d'Italie, touchées avec sentiment et d'une excellente exécution.

Le grand nombre d'eaux-fortes qu'il a laissées, prouvent l'extrême facilité qu'il avait à produire; elles se distinguent, en général, par une grande légéreté et une touche très-spirituelle. Exercé de bonne heure à la gravure à l'eau-forte, on trouve déjà, dans certaine partie de ses premières productions en ce genre, et où il paraît s'être proposé pour modèles celles de Mr Weisbrod, ce sentiment de l'homme consommé dans son art; d'autres ont tant de rapport, pour le travail, à celles de Mr Duplessi-Bertaux, que l'on pourrait

------

a survécu, Mr Joseph Coiny. Ce jeune homme, par l'assiduité qu'il porte à l'étude, fait déjà concevoir l'espoir de voir renaître en lui l'habile artiste qui cause nos regrets.

croire qu'il avait d'abord été guidé, dans la gravure, par cet habile maître. Changeant, depuis, sa manière, il porta, dans ses productions, une exécution d'un plus grand caractère, fruit des excellentes études auxquelles il s'était livré ; on y admira bientôt cette touche savante et libre qui lui a fait tant d'honneur.

On ne peut disconvenir, en voyant les différentes planches qu'il a terminées, qu'il n'eût été un des meilleurs graveurs au burin, si, plus habituellement livré à ce genre de travail, il eût eu l'occasion de produire de ces grands ouvrages dont l'exécution paraît devoir appartenir plus particulièrement à ce genre de gravure : son burin moëlleux est d'une couleur douce et agréable; sa manière de conduire les tailles, qui lui est particulière, est d'une égalité merveilleuse et sans roideur; elle tend toujours à prononcer les formes avec sentiment, et à rendre le véritable caractère de l'original qu'il copie ; ce qui est fort estimable et très-rare.

MM. Caron frères (1) , Mr Queverdo (2) et

---

(1) Le plus jeune de ces deux artistes a remporté le second prix du concours de gravure de la présente année.

(2) Mr *Queverdo*, fils de *François – Marie Queverdo*, dessinateur et graveur, né à Gosselin en Bretagne, le 2 février 1748, mort à Paris, le 24 décembre 1798, élève de J.-Bapt.-Mar. Pierre, peintre, et de Jos. de Longueil, graveur,

Mr Richomme (*) sont au nombre des élèves qu'il a formés; mais celui des artistes auxquels il prodiguait ses conseils avec le désintéressement qui lui était naturel, est très-considérable; il savait, par des démonstrations claires et précises, aplanir, pour ses disciples, les difficultés des principes, et en détruire la sécheresse.

(*) M. *Richomme*, récemment arrivé de Rome, où il avait été envoyé à la pension du Gouvernement, après avoir remporté le grand prix du concours de gravure, en 1806.

AVERTISSEMENT.

DANS le nombre des Tableaux et des Esquisses décrites au présent Catalogue, on en distingue plusieurs de *Glauber* et *Lairesse, Péters, Chaise, Fabre*, MM. *Demarne, Hue, Mérimée* et *Pottain*.

Les Dessins présentent un choix de Sujets, de Vues, de premières Pensées et d'Etudes de grands maîtres.

La collection d'Estampes offre des morceaux capitaux, tels que la suite des Batailles d'Alexandre, par *Gir. Audran* et *Ger. Edelinck*, premières épreuves avec le nom de Goyton, imprimeur. La Sainte-Famille, d'après Raffaello, et la Magdeleine d'après Le Brun : ces deux Estampes par *Ger. Edelinck;* la première est avant les armes de Colbert; la seconde avant la bordure gravée depuis autour du sujet. La plupart des autres pièces ont été exécutées par les *Beham, Pens, Aldegrever, Goudt, Hollar, Hainzelman, Schmidt* de Berlin, et *Wille;* — *Tiziano*, *Ghisi*, dit *il Mantuano, Andreani, della Bella, Volpato, Bartolozzi,* et MM. *Porporati* et *Morghen;* — *Utenbroeck* et *Bloteling;* — *Ardell, Mason, Woollett, Byrne* et *Sharp;* — *Delaulne, Callot, Poilly, Masson, Nanteuil, Audran,* les *Drevet,* les *Edelinck, Ficquet, Saint-Aubin,* MM. *Bervic, Daudet, Le Gouaz, Tardieu,* et autres habiles Graveurs anciens et modernes. Au nombre de ces Estampes, on trouve presque toutes celles qui ont rapport à l'art nautique, aux actions navales et aux vues des ports et des côtes des différentes parties du monde.

Des Eaux-fortes par *Bakuizen, Dietricy, Carracci, Van Dyck, Lairesse, Zeeman, Waterloo, Swanevelt, Le Bourdon,* et autres.

Dans les Livres d'Estampes, différens Recueils des maîtres des trois écoles, des galeries d'Italie, et celles de Fontainebleau, du Luxembourg et de Versailles, et les peintures de l'hôtel Lambert.

Au nombre des Livres à Figures, les Fables de La Fontaine, suite vulgairement dite les *Fables de Simon et Coiny;* plusieurs ouvrages sur l'architecture, par *Palladio, Vitruve, Perrault, Desgodetz* et *Barbault;* la Géographie de *Blaeu*, les Voyages dans la Basse et la Haute-Egypte, par Mr *Denon;* de la Grèce, par Mr *Choiseul-Gouffier;* — de Naples et de Sicile, par *Saint-Non;* — de Sicile, par Mr *Houel;* — d'Istrie et de Dalmatie, par Mr *Lavallée;* — d'Espagne, par M.^r *De La Borde;* le Tableau de l'Empire othoman, par *Mouradja d'Ohsson*, et le Voyage pittoresque de Constantinople et des rives du Bosphore, par Mr *Melling;* les Vues des principaux Châteaux de la noblesse d'Angleterre, par *Watts;* les Antiquités étrusques d'*Hamilton;* les Ruines de Palmyre; les Antiquités de *Buk's;* les Bains de Titus, par Mr *Ponce;* les Colonnes Trajanne, par *Villamena;* Antonine, par *Bartoli;* et Théodosienne, d'après Bellini, par *Vallet.*

Enfin, parmi les diverses Curiosités, des Modèles de construction navale, une Collection de quarante-huit pains d'Encre de la Chine, et des Boîtes en laque.

Les noms des maîtres d'Italie ont été écrits suivant l'idiôme italien.

La mesure des Tableaux a été prise de l'arrasement intérieur des bordures. Les lettres *B.* ou *T.*, placées après les descriptions, indiquent qu'ils sont peints sur bois ou sur toile.

L'étoile près des numéros sert à désigner les morceaux sous verre.

Les articles du cabinet de feu Mr Coiny sont marqués par une † croix placée après la description de chacun d'eux.

ABRÉVIATIONS.

anc.	ancienne.	l.	ligne.
Epr.	Epreuve.	Pl.	Planche.
H.	Hauteur.	prem.	première.
Larg.	Largeur.	*T.*	Toile.
p.	pouce.	*B.*	Bois.

CATALOGUE
D'OBJETS D'ARTS

DES CABINETS

DE FEU M. OZANNE,

ANCIEN INGÉNIEUR DE LA MARINE;

ET DE FEU M. COINY,

DESSINATEUR ET GRAVEUR.

TABLEAUX.

ALLEGRAIN fils. (*Gabriel*)

N.° 1 Un Paysage avec rivière et cascade; Tableau orné de figures, par *Allegrain* : et trois Esquisses de Paysage, du *Guaspre. T.* †

BAKUYSEN. (*Ludolf*)

2 Une Vue de Mer par un gros temps; des barques y naviguent à peu de distance des côtes; dans le fond à droite, un vaisseau tire un coup de canon: Tableau marqué des lettres *L. B.* H. 7 p. 2 l., Larg. 9 p. 6 l. *B.*

BEECQ. (*J.* Van)

3 Bombardement de Gênes par l'escadre de Duquesne, en 1684. H. 39 p. 8 l., Larg. 68 p. 8 l. *T.*

BERTIN. (M.)

4 Deux Paysages avec figures et animaux, d'après

Claude Le Lorrain. H. 11 p. 3 l., Larg. 14 p.
9 l. *B.* Forme ovale. †

BILCOQ. (M.)

5 Goûter de Paysans, et Retour du Villageois. H. 4 p.,
Larg. 6 p. 4 l. *B.*

BLOEMEN. (*Jean-François* Van)

6 Vieille et Enfant en route, et Cheval de selle
dans une campagne. H. 8 p., Larg. 5 p. 2 l. *T.*
collée sur *B.* †

CHAISE. (*Charles-Edouard*)

7 Effet de la Poésie sur les différens âges de la vie ;
Esquisse par *Chaise :* et un Sujet de l'Histoire de
Télémaque ; Esquisse de M.ʳ *Pottain. T.* †

DEMARNE. (M.)

8 Un Enfant jouant du chalumeau près d'une femme
et d'un pâtre occupés à tondre des moutons dans
un champ ; un Batelier faisant passer la rivière à un
paysan, à des jeunes filles et à des animaux dans un
bac. Deux Tableaux. H. 11 p., Larg. 13 p. 6 l. *B.*

DUVAINBEEIQ, 1697. (*J.*)

9 Une Marine ; on y remarque un yacht mouillé, et
les voiles au sec, et des pêcheurs dans une bar-
que ; plus loin, près d'un port, un vaisseau de
haut bord. H. 19 p., Larg. 21 p. 4 l. *T.*

FABRE. (   )

10 Saint Sébastien attaché à un arbre et percé de
flèches ; un Paysage occupe le fond. H. 10 p.,
Larg. 12 p. 3 l. *B.* †

FOUQUIERES. (*Jacques*)

11 Deux Paysages avec figures, *B.* L'un de ces Tableaux est en forme de frise, l'autre ovale. †

GOULAY. (*Thomas*)

12 Le Martyre de saint Laurent, d'après Le Sueur.
Composition connue par l'estampe de Gir. Audran.
H. 26 p., Larg. 19 p. 2 l. *T.* †

GLAUBER et *Ger.* de **LAIRESSE.** (*Jean*)

13 Un Paysan et un Pâtre gardant des moutons sur
une pelouse, à peu de distance d'un lac bordé de
grands arbres; la cime des arbres se détache sur un
ciel lumineux : on aperçoit quelques fabriques à
travers les bois qui couvrent les hautes montagnes
qui sont à la droite.   H. 13 p., Larg. 16 p. *T.* †

HUE. (M.)

14 Une Noce villageoise dans un parc; le magister
et les gens du village entourent les mariés, qui
viennent de danser le menuet devant le seigneur
du lieu.   H. 29 p. 3 l., Larg. 37 p. *T.*

15 Une jeune Fille faisant abreuver des vaches à une
mare dans une forêt : on aperçoit à travers le
bois un château et des fabriques; le devant est
occupé par une monticule sablonneuse et un grand
arbre entouré de plantes et de broussailles. Haut.
22 p. 8 l., Larg. 28 p. 9 l. *T.*

16 Deux Vues : l'une, des bords de la Seine; l'autre,
d'une campagne au coucher du soleil. Esquisses
ornées de figures et d'animaux.   H. 9 p. 4 l., Larg.
11 p. 9 l. *T.*

LE TELLIER. (*François*)

17 Un Paysage avec figures et animaux.   H. 19 p.
8 l., Larg. 26 p. 8 l. *T.* †

LOCATELLI. (*Pietro*)

18 Vue d'une Campagne ornée de monumens : un
homme y fait abreuver son cheval dans un lac.
Tableau qu'on a attribué au Poussin.   H. 29 p.
4 l., Larg. 39 p. 6 l. *T.* †

MÉRIMÉE. (M.)

19 Jeune Fille présentant une rose à un serpent. Esquisse de 7 p. 10 l. de H., sur 5 p. 10 l. de Larg.
M. *Bervic* a gravé ce sujet sous le titre de *l'Innocence.* †

PÉTERS. (*Bonaventure*)

20 Des Vaisseaux hivernant près d'un rocher surmonté d'un fort ; près de là , des bateaux jetés à la côte : des figures ornent les devants de ce Tableau. H. 15 p. , Larg. 25 p. 9 l. *T.*

PILLEMENT. (*Jean*)

21 Trois Marines : des deux premières, l'une vue par un gros temps ; l'autre au coucher du soleil ; dans la troisième , une corvette et deux cutters naviguent par un vent frais. Le premier de ces Tableaux est peint par *Pillement ;* le dernier est signé *J.-H. Swaine. T.*

WITEL. (*Gaspard* Van)

22 Une Campagne où un lac tombe en cascade ; Tableau orné de figures et d'animaux : dans le fond , des fabriques et des montagnes. H. 18 p. 4 l. , Larg. 23 p. 9 l. *T.*

WITRINGA. (   )

23 Vue de Mer par un gros temps : sur le devant , une chaloupe ; plus loin , des vaisseaux à la cape, et des baleines. H. 13 p. , Larg. 22 p. 6 l. *T.*

Tableaux par ou d'après différens maîtres.

24 Trois Tableaux : deux Paysages , l'un style de Locatelli, l'autre d'Asselin ; et Vieillard jouant avec un chien. Morceau attribué à Téniers. *B.* et *T.* †

25 Une Campagne où des jeunes filles se baignent dans un lac, d'après Claude Le Lorrain. H. 23 p. 3 l. , Larg. 29 p. 6 l. *T.*

26 Une Femme écrivant dans un livre que le Temps lui présente ; la Renommée est près d'eux. Allégorie attribuée à Le Sueur. H. 19 p., Larg. 22 p. 6 l. *T.* †

27 Un Paysage , par *Patel ;* et douze Esquisses , par *Vien* , et autres.

Suite des Tableaux par ou d'après différens maîtres.

28 Cinq Tableaux : Allégorie , Paysages et Architecture. †

29 Jeune Femme et un Centaure , par M. *Lagrenée ;* le Lever de l'Aurore , Psyché et l'Amour, une Fileuse , et un Paysage : cinq Esquisses.

3o Une Marine où des bâtimens appareillent, et d'autres sont sous voiles. H. 21 p. 3 l., Larg. 33 p. *T*.

31 Une Scène pastorale , une Marine , et deux Paysages. *T.*

32 Notre-Seigneur au jardin des Oliviers ; Sujet peint sur panneau de verre : quatorze autres Tableaux, Sujets , Têtes et Paysages. †

DESSINS.

ALLEGRI ou LIETO , dit IL CORREGGIO. (*Antonio*)

33 Une Tête d'Homme ; Etude à la pierre noire , par *Le Corrège ;* deux autres par *Barocci* : trois Dessins. †

ASSELIN , dit CRABÉTIE. (*Jean*)

34* Vue de *Ponte-Molle ;* Etude à la plume et au bistre , par *Asselin :* la Prédication de saint Jean , par *Baur ;* neuf Croquis de Sujets, Vues ou Paysages , par *Berkeyden , Berghem , Both , Bout , Bréenbergh , Diepenbéke* , etc. : onze Morceaux ; celui de Baur est sous verre. †

BELLA. (*Stefanino* della)

35 Une Figure d'Homme ; Dessin à la plume , par *della Bella ;* et treize Croquis d'*Arpino , Bandinelli , Callot ,* etc. : quatorze Dessins. †

BOISSIEU. (*Jean-Jacques* de)

36 Fragmens du Palais des Empereurs ; Morceau à

la plume et au bistre, légèrement colorié, fait
à Rome, par *Boissieu*, en 1766 ; six autres Morceaux, Vue de Rome, par M.ʳ *Bourgeois ;* et
Paysages, par d'*Aubigni* et *Desfriches* : sept
Dessins. †

BONACORSI, dit PERINO DEL VAGA. (*Piet.*)

37 Quatre premières Pensées de Sujets historiques,
par *Bonacorsi ;* six autres, de *Bartolozzi*, *Caldara*, *da Ponte*, etc. : dix Dessins. †

BOUCHER. (*François*)

38 Différentes Compositions et Etudes, par *Boucher*,
ou d'*Andray*, *Bonnart*, *Chauveau*, *Corneille*, et
Dandré-Bardon : dix-huit Dessins. †

BUONAROTI. (*Michel-Agnolo*)

39 Une Feuille de Croquis, Etudes pour le tombeau de
Jules II, par *Buonaroti ;* quatre autres Feuilles
d'Etudes, qu'on attribue à *Raffaello*, à *Bandinelli*, etc. : cinq Dessins. †

CALDARA, dit IL CARAVAGGIO. (*Polidoro*)

40 Trois Frises où sont représentés des Sujets militaires, faites à la plume et au bistre ; un Fleuve et une
Naïade, Etude à la sanguine, par *Caldara ;* et cinq
autres Compositions et Croquis, par *Palma :* neuf
Dessins. †

CANTARINI, dit LE PESAREZE. (*Simone*)

41 La Sainte-Vierge, l'Enfant-Jésus et un Ange, et
des Etudes d'Amours et autres, par *Cantarini ;*
dix Sujets et Paysages de *Cambiasi*, *Cardi*, *Car-
rucci*, *Castiglione*, *Cittadini*, *Conca* et *Creti :*
treize Dessins. †

CARRACCI. (*Lodovico* et *Annibale*)

42* La Sainte-Vierge, l'Enfant-Jésus et saint Jean ;
saint François recevant les stigmates ; saint Hubert,
la Vendange, et des Croquis de Figures et de Paysages : douze Dessins. Le sujet de la Vendange est
sous verre. †

CARRACCI. (*Agostino*)

43* La Sainte-Famille : la Sainte-Vierge assise présente l'Enfant-Jésus à sainte Anne ; le petit saint
Jean est près d'eux : Dessin à la plume et au bistre,
rehaussé de blanc. †

COINY. (M. *Jacques-Joseph*)

44 Des Sujets tirés des Fables de La Fontaine, trente-
huit Croquis par feu M. *Coiny;* soixante-cinq autres,
par MM. *Vivier* et *Bertaux* : cent trois Dessins,
quatre-vingt-trois *in*-18, et vingt *in*-4. †

DUMOUTIER. (*Daniel*)

45 Portraits de l'amiral Coligny et de J. P. Camus,
évêque de Belley, etc. : trois Dessins. †

EVERDINGEN. (*Albert* Van)

46* Deux Vues de Hollande, Dessins avec figures, par
Everdingen ; neuf Paysages de *Fouquieres, Francisque, Glauber, Goyen* et *Hagen ;* quatre Sujets,
par *Lairesse, Lombart* et *Luyken* : quinze Dessins.
Celui de Goyen est sous verre. †

FARINATI. (*Paolo*)

47 Une Allégorie sacrée, sujet composé dans une Frise,
par *Farinati ;* dix Sujets ou Paysages, de *Gauli,
Giordano, Grimaldi* et *Londonio :* onze Dessins. †

FRAGONARD. (*Jean-Honoré*)

48 Le Faucon, sujet tiré des Contes de La Fontaine,
fait au bistre par *Fragonard;* sept Etudes du même
maître, *Gravelot* et *Greuze :* huit Dessins. †

GAMELIN. (M).

49* Combat de Cavaliers : Dessin à l'encre et au bistre,
rehaussé de blanc sur papier bleu. †

GELLÉ, dit CLAUDE LE LORRAIN. (*Claude*)

50 Six Croquis de Paysages, à la plume, lavés à l'encre
ou au bistre, par *Claude Le Lorrain*, et autres. †

LA FAGE. (*Raymond*)

51 Divers Sujets et Etudes, huit à la plume par *La Fage;* et huit par *Lahire*, M. *Le Barbier*, *Le Clerc*, *Lemoine*, *Lenain*, *Le Paon* et *Manglard :* seize Dessins. †

LANTARA. (*Simon-Mathurin*)

52* Deux Paysages, l'un vu au coucher du soleil, l'autre au clair de lune : Dessins aux crayons noir et blanc, sur papier bleu.

LARUE. (*Louis* de)

53 Six Cavaliers et un Fantassin, faits à la plume et au bistre. On a joint, aux six premiers de ces Dessins, des Epreuves des Planches qui en ont été gravées sous la direction de M.ʳ Coiny. †

LEONARDO DA VINCI.

54 Trois Etudes, Têtes d'hommes, et Vase ou Coupe de forme longue, par *Leonardo da Vinci;* cinq Sujets et Paysages, par *Franco*, *Gauli* et *Gennari;* et le Portrait de *la signora Eufrasia*, par *Leoni*, dit *le Padouan :* huit Dessins. †

LESPINASSE. (*L.-N.*)

55* Vue de Toulon et de ses environs, prise des montagnes au nord de cette place : Dessin à la plume et colorié.

LE SUEUR. (*Eustache*)

56* Saint Gervais et saint Protais, Etudes de Figures pour le Tableau de Le Sueur, représentant les Martyres de ces deux Saints; Tableau qui est au Musée Napoléon : Dessins aux crayons noir et blanc, sur papier gris. †

57 L'Adoration du Veau d'or, la Présentation au Temple, Marthe et Marie, deux Allégories, un Sacrifice, et deux Figures drapées; Morceaux par *Le Sueur* ou d'après lui : neuf Dessins. †

MAZZUOLI, dit IL PARMIGIANINO. (*Francesco*)

58 Femme qui tient une colombe, et deux Croquis, par

Mazzuoli; neuf Compositions, Etudes et Caricatures, par *Maratti, Mola, Muziano, Palmieri, Passignani* et *Primaticio :* douze Dessins. †

MEULEN. (*Antoine-François* Vander)

59 Départ de Cavalerie, par *Meulen ;* neuf Vues de Parc, Paysages et Etude de Portrait, par *Mérian, Mirevelt, Molyn, Monper, Moucheron,* etc. : dix Dessins. †

MOITTE. (*Jean-Guillaume*)

60* Vénus et Adonis, Bacchus enfant remis à Ino par Mercure, Compositions par *Moitte;* quatre Sujets du Roland de l'Arioste, par M.ʳ *Moreau;* et Vue d'un ancien Sépulcre sur la voie Appia, par M.ʳ *Nicole :* sept Dessins; deux de M.ʳ Moreau sont sous verre. †

MOREAU. (*Louis*)

61* Trois Paysages, un avec Rocher; aux autres, des Chaumières : Morceaux à gouache.

NOEL. (*M.*)

62* Vue intérieure du port de Brest, prise en face des corderies; au nombre des bâtimens qui occupent la droite, un est couché en carène : Morceau à gouache.

63* Deux Vues de Rivières; les bords sont occupés par de hautes montagnes couvertes d'arbres ; Compositions ornées de Figures : Dessins à la plume. †

OZANNE. (Feu M. *Nicolas-Marie*)

63ᵇⁱˢ Un Porte-Feuille contenant quarante-neuf Dessins, Marines, Vues et Paysages.

PATEL. (*Pierre*)

64* Tobie et l'Ange au bord du Tigre : Morceau à gouache. †

PERELLE. (*Gabriel*)

65 Vue de la porte Saint-Denis, morceau à la plume, par *Perelle;* un Paysage de *Patel;* six Croquis attribués au *Poussin,* etc. : huit Dessins. †

POUSSIN. (*Nicolas*)

66 Ganymède enlevé par l'Aigle de Jupiter, des Enfans
   ornant de pampre la statue de Priape, diverses
   Allégories, Bas-Reliefs et Ornemens ; Etudes à la
   plume, lavées à l'encre ou au bistre : neuf Dessins. †

67 Des Croquis de Sujets, à la plume et au bistre :
   neuf Dessins. †

PRUD'HON. (M.)

68* Offrande à l'Amour, Esquisse de M. *Prud'hon ;* et
   dix-neuf Sujets ou Paysages, par *Pillement, Robert, Subleyras, Vernet* et *Vouet* : vingt-un Dessins. Celui de Vernet est sous verre. †

PUGET. (*Pierre-Paul*)

69* Vaisseau en désarmement dans un port ; sa Chaloupe attachée à l'arrière : Dessin à l'encre de la
   Chine, sur vélin.

70* Vaisseau de soixante canons sous voile, et près de
   deux Galères mouillées et vues par l'avant ; au fond,
   deux Vaisseaux de guerre ; sur le devant, des Matelots dans un canot, prêts à aborder : Dessin à
   l'encre, sur vélin.

71 Un Vaisseau de cent canons, vu par le travers et
   courant vent arrière : très-grand Dessin à la plume,
   lavé à l'encre, sur papier blanc collé sur toile.

RAFFAELLINO DE REGGIO.

72* Divers Croquis de *Raffaellino, Reni, Riccia-
   relli, Robusti, Rosa, Salviati, Sarto* et *Schia-
   minosi :* treize Dessins ; trois sous verre. †

RAFFAELLO SANZIO D'URBINO.

73* La Force accompagnée de deux Génies ; elle s'ap-
   puie sur un lion et tient une branche de laurier :
   Dessin au bistre ; première pensée d'un sujet peint
   au Vatican ; une Étude de Figure vue par le dos.
   Le premier dessin attribué à *Raffaello.* †

REMBRANDT. (*Van Rhyn*, dit)

74 Des Etudes de Sujets, de Figures, d'Animaux, de

Paysages et de Marine, par *Rembrandt, Sney-*
ders, Téniers, Ter-Himpel, W. et *Adr. Van Velde,*
J. Wierx, etc. : dix-huit Dessins. †

TAMAGNI. (*Vincentius*)

75 Le Couronnement d'un Empereur, composition de
Tamagni; huit Sujets, Têtes, Vue d'Italie et Paysages, par *Testa, Tiarini, Tiepolo, Tiziano, Turco*
et *Witel :* neuf Dessins. †

VANNIUS. (*Francesco*)

76* La Sainte-Vierge couronnée par la Sainte-Trinité,
qu'entourent des Chérubins : Dessin à la plume et
au bistre. †

VERNET. (*Claude-Joseph*)

77* Vue de Mer par un temps calme; la gauche bordée
d'une chaîne de Montagnes couvertes de grands
arbres ; à droite, des Barques et un Bâtiment à
voile ; sur le devant, des Pécheurs et des jeunes
Filles : Dessin à la pierre noire et à l'encre. †

WAGNER. (*Jean-George*)

78* Un Paysan à cheval, précédé de trois vaches,
passant à gué une rivière : Morceau à gouache.

ZAMPIERI, dit IL DOMENICHINO. (*Domenico*)

79 L'Amour arrachant une flèche du sein de Procris ;
trois Etudes, Figure et Paysages, attribués au
Dominicain; et un Evêque conférant les ordres
de l'église, par *Zuccheri :* cinq Dessins. †

Dessins par ou d'après différens maîtres.

80 Des Sujets de l'Histoire-Sainte, par *Hans Bol*, etc. :
vingt Dessins.

81 Des Vues de Villes et de Ports, plusieurs par
MM. *Férand, More* et *Schulter :* neuf Dessins, la
plupart coloriés.

Suite des Dessins par ou d'après différens maîtres.

82 Différens Sujets, Batailles, Vues et Paysages, par *Boucher, Gamelin, Lallemand, Lélu,* M.ʳ *Mo-reau* et *Parrocel :* trente Dessins.

83 Des Vues de Malte, la plupart par le chevalier de *Breteuil,* capitaine de galère, en 1754 : trente Dessins coloriés.

84 Recueil de Cartes de France, et autres, par *J. Mouton. In-fol. obl. rel.*

85 Des Esquisses et des Croquis de Sujets de Paysages et d'Ornemens, par des maîtres italiens : cinquante Dessins. †

86* Des Esquisses et des Croquis, par et d'après différens maîtres : deux cent quarante-huit Dessins ; deux sont sous verre. †

87 Un Porte-feuille de Compositions et d'Etudes, au nombre de deux cent soixante.

ESTAMPES.

AKEN. (*Jean* Van)

88 Différens Sujets et Paysages, dessinés et gravés à l'eau-forte, par *Aken, Almeloveen, Bega, Both, Bréenbergh, Cabel, Flamen, Genoels, Livins, Miel, Neve, Ostade,* etc. : cent quarante Estampes.

ALDEGREVER. (*Henri*)

89 Trente-trois Sujets, par *Aldegraff ;* soixante-dix-neuf, par les *Beham, Binck, Bos, Bry* et *Pens ;* et cent huit de l'Histoire-Sainte, par *Gaultier :* deux cent vingt-deux Estampes.

ALIAMET. (*Jacques*)

90 Ancien Port de Génes, Environs de Tarente et grande Chasse au Cerf, d'après Berghem ; Vues des environs de Saverne et de Dresde ; autres de

Suite des Morceaux de Jacques ALIAMET.

Jardins anglais et Paysages, d'après Brandt, Hackert, Huet et Vernet : quinze Estampes.

91 Paysage en hauteur, d'après le tableau de Berghem de la galerie de Dresde ; le Matin, le Midi
et deux Vues du Levant, d'après Vernet, etc. :
seize Estampes. †

ALLIX. (*François.*)

92 Vues des Ports de Cadix, de Carthagène et de
Lisbonne, d'après M. Noël : trois Estampes.

ANDREANI. (*Andrea*)

93 Le Triomphe de Jules César, d'après Mantegna,
pièce de dix feuilles, gravée en 1599 ; treize autres
Morceaux d'après Raffaello, Parmigianino, etc. :
quatorze Estampes, exécutées sur bois, et la plupart imprimées en clair-obscur.

ARDELL. (*James-Mac*)

94 Saint François-de-Paule, d'après Murillio, par
Ardell, Epreuve avant la lettre ; Continence de
Bayard, par *Pether* ; la Sainte-Famille, Vénus,
Cupidon et un Satyre, par *I. Smith* : six Estampes
en manière noire.

ATKENS. (D'après)

95 Le Port de Londres, et des Marines d'après Atkens et Dodd, par M.ʳ *Janinet* et *Togny* : neuf
Estampes ; sept imprimées en couleur.

AUDRAN. (*Girard*)

96 Le Martyre de sainte Agnès, d'après le Domenichino ; le Martyre de saint Laurent, d'après Le
Sueur ; les Saints glorifiant Dieu dans le ciel, d'a-
près la fresque de la coupole du dôme de l'église
du Val-de-Grâce (pièce de six feuilles) ; Apollon
récompensant les Muses ; la Prévoyance, le Secret
et la Vigilance, avec leurs symboles ; une Pièce
de trois morceaux, en autant de feuilles, d'après
un plafond des petits appartemens du château de
Versailles ; et la Peste d'Eaque ; Epreuve avec la

Suite des Morceaux de Girard AUDRAN.

dédicace au marquis de Louvois : six Estampes,
les trois dernières d'après P. Mignard.

97 Dieu le Père sur les ailes des Anges, prononçant
ces paroles au baptême de Jésus - Christ : *voici
mon fils bien-aimé* (pièce de cinq feuilles), d'a-
près le plafond de la Chapelle de Sceaux ; Epr.
avec le nom de Goyton, imprimeur ; le Palais
du Soleil, allégorie d'après un dessin pour le plafond du château de Vaux-le-Vicomte (pièce de
quatre feuilles); l'Aurore au lever du Soleil,
d'après le plafond du pavillon du château de
Sceaux (pièce en quatre feuilles : ce morceau
gravé par *L. Simonneau* jeune) : ces trois Plafonds, d'après Le Brun ; et la Multiplication des
Pains, d'après Cl. Audran et Vernansal : quatre
Estampes.

98* Les cinq Sujets tirés de l'histoire d'Alexandre-
le-Grand, le Passage du Granique, la Bataille
d'Arbelles, la Famille de Darius aux pieds d'A-
lexandre (ce troisième sujet gravé par *Gér. Edelinck*), l'Entrée triomphante d'Alexandre dans
Babylone, et la Défaite de Porus, d'après Le
Brun : cinq très-grandes Estampes, composées en
tout de seize feuilles ; prem. Epr. avec le nom de
Goyton.

AUDRAN. (*Benoît*)

99 Les sept Sacremens et l'Enlèvement des Sabines,
d'après le Poussin ; les sept premières pièces
par *B. Audran* ; la dernière par *J. Audran : * huit
Estampes.

100 Les Sujets tirés de l'histoire d'Alexandre-le-Grand,
d'après Le Brun, par *B.* et *J. Audran* : suite de
six Estampes, dites *les Petites Batailles.* †

AUDRAN. (*Jean*)

101* La Maladie d'Alexandre, d'après Le Sueur ;
anc. Epr.

102 La Résurrection du Lazare, la Pêche miracu-

leuse, gravées par *Gasp. Duchange* ; le Repas du Pharisien ; les Vendeurs chassés du Temple ; gravés par *J. Audran* : ces quatre Estampes d'après Jouvenet.

BAKHUIZEN. (*Ludolf*)

103 Dix Marines.

A la première, une Déesse porte un écusson aux armes de la ville d'Amsterdam ; elle est assise dans un char traîné par une licorne et un cheval marin ; un homme monté derrière le char tient un trident élevé. Au bas de cette Estampe, sur une petite planche qui s'imprime séparément, six vers hollandais : *Zoo bouwt men hier.......* Cette suite représentant, dit-on, des vues de l'Y, bras de mer près d'Amsterdam, a été dessinée et gravée à l'eau-forte par *Bakhuizen ;* elle est précédée d'un titre de cinq lignes : *Stroom en Zeegezichten.... Heeren Staten General out 71 Jaar ;* du Portrait de Bakhuizen, vu à mi-corps dans un ovale, morceau en manière noire. Au bas de ce portrait (à une petite planche séparée, un distique latin : *Aemula Naturæ Bakhuisia....*) ; et de l'Eloge de Bakhuizen, en vers latins et en vers hollandais (cet éloge est imprimé en caractères ordinaires sur une feuille séparée) : en tout quatorze Pièces ; les dix Estampes, premières Epreuves, ne portent aucuns numéros.

BALECHOU. (*Jean-Joseph*)

104* La Tempête, d'après Vernet ; prem. Epr. avant les tailles sur la dédicace.

BARTOLOZZI. (*Francesco*)

105* Clytie châtiant Cupidon en le déchirant avec des épines, d'après Ann. Carracci. †

106 La Circoncision, d'après Guerchino ; Vénus, Cupidon et un Satyre, d'après Giordano ; le Bal champêtre d'Italie, d'après Zuccarelli (le paysage gravé par *Vivarès*) ; Dejanire, d'après Pecheux, etc. : sept Estampes. †

107* Neptune et Amphitrite, Vulcain et Vénus, Minerve instruisant les Muses, et un Sacrifice à Jupiter, d'après Cipriani : quatre Estampes ; Epr. en bistre.

108 Dix Sujets de l'*Orlando Furioso*, d'après Cipriani, pour le poëme de l'Arioste ; Edit. de Baskerville.

109 La Mort de Cook, d'après Webber, moyenne Estampe par *Byrne* et *Bartolozzi*; treize autres Morceaux : quatorze Estampes.

BAUDET. (*Etienne*)

110 Martyre de saint Etienne, d'après Ann. Carracci ; quatre Sujets des Amours de Vénus et d'Adonis, d'après Albano ; et les Peintures du plafond du grand escalier de Versailles, d'après Le Brun ; (sept feuilles, le titre compris) : six Estampes.

BAUR. (*Johan-Wilhelme*)

111 *Capricci di Varie Battaglie di Gio Gug. Baur.*, 1635 (quinze pièces) ; *Vedvte de Giardini*, 1636 (deux suites de six pièces chaque) ; des Vues, d'après Baur, par *Küsell*, 1681 (quarante pièces), etc. : cent quarante Estampes.

BEAUVARLET. (*Jacques-Firmin*)

112 Enlèvement d'Europe, Acis et Galathée, Jugement de Pâris, et Enlèvement des Sabines, d'après Giordano ; cinq autres Sujets, d'après de Troy, Vanloo et Vien : neuf Estampes.

BELLA. (*Stefanino* della)

113 La Perspective du Pont-Neuf de Paris, Epr. avant le coq sur le clocher de l'église de Saint-Germain-l'Auxerrois ; différens Sujets de Vierges; le Reposoir ; des suites de Vues de France et d'Italie, de Paysages, de Figures, d'Animaux, de Caprices, de Cartouches, d'Ornemens, etc. : soixante-six Estampes.

BENAZECH. (*Pierre*)

114 Vues de la Ville de Quebec, — de la Chûte ou saut de Montmorenci, — du Cap Rouge, — de la Baye de Gaspé, — de Miramichi, — et de l'Isle Percée, par *Benazech*, *Canot*, *Elliot* et *Mazell* : six Estampes.

BERGHEM. (D'après *Nicolas*)

115 Divers Paysages avec figures et animaux, par *Aveline* et *J. Visscher* : dix Estampes.

BERVIC. (M).

116* Louis XVI, représenté en pied et en manteau royal, d'après M. Callet. †

117 Le même Portrait. Cette Epreuve est gâtée au front du personnage.

118 Le même Portrait. Epr. qui a été déchirée en deux, et dont on a rapproché les morceaux : on en aperçoit la jonction aux tailles de la baguette de la bordure qui entoure la composition ; du côté droit, à la hauteur du milieu de la tête du lion, au bras gauche du trône ; au côté gauche, à la hauteur de la tablette de la balustrade.

BLOEMAERT. (*Corneille*)

119 L'Adoration des Bergers, d'après Cortone ; la Sainte-Famille, dite *aux lunettes* ; l'Assomption de la Sainte-Vierge ; Sainte-Catherine, d'après Ann. Carracci, par *Bloemaert*. Trois Sujets : Amours de Jupiter, gravés par *Desrochers* ; la Sainte Famille, par *Frey* ; et la Sainte-Vierge, Sujet dit *le Silence*, par *Hainzelman* : dix Estampes.

120 Les Portraits de Mart. Régius, et d'Adr. Ab. Oirschot, par *Bloemaert*, en 1626 ; quarante-trois autres Portraits, par *Grignon*, *Hondius*, les *Kilian*, *Lombart*, *Matham Saenredam*, *Sandrart*, *Suyderhoef*, etc. : quarante-cinq Estampes.

BLOT. (M.)

121 Le Contrat, d'après Fragonard, par M. *Blot* ; vingt-cinq autres Sujets, d'après le même peintre, Baudouin et Caresme : vingt-six Estampes.

BLOTELING. (*Abraham*)

122* Le Portrait de Kortenaer, amiral hollandais, d'après Vander Helst.

BLUCK. (   )

123 Attaque du Château de Cronenburgh et du Port de Copenhague dans la Baltique, en 1801,

d'après Kittoe, par *Bluck* et *Stadler* : deux Estampes.

BOISSIEU. (*Jean-Jacques* de)

124 Le Maître d'école, le Tonnelier, des Paysages et des Etudes de têtes : trente-huit Epreuves.

BOLSWERT. (*Schelte à*)

125* L'Assomption de la Sainte-Vierge, d'après Rubens ; Estampe cintrée du haut. †

126* Le Couronnement d'Epines, d'après Van Dyck.

BOURDON. (*Sébastien*)

127 Les sept Œuvres de miséricorde, Sujets composés et gravés par *Le Bourdon* : prem. Epr. avec l'adresse du faubourg Saint-Antoine ; vingt-cinq autres Sujets et Paysages, par le même maître ou d'après lui, par *Baudet* et *Prou* : trente-deux Estampes.

BOYDELL. (*John*)

128 Batailles navales entre les Flottes françaises et anglaises, en 1747 : douze Estampes publiées par *Boydell.*

BROOKING. (D'après)

129 Deux Vues de Mer, d'après Brooking, par *Godefrey* et *Boydell ;* et trois Batailles navales, d'après Luny, par *Byrne, Fittler* et *Mazell :* cinq Estampes.

BRUYN. (*Nicolas* de)

130* L'Age d'or, d'après Bloemaert, par *Bruyn ;* et une Frise, par *Bry.*

BUCK. (*Samuel* et *Nathanael*)

131 Vue générale de Londres, prise dans ses différens quartiers : très-longue pièce de cinq feuilles, par *Sam.* et *Nath. Buck ;* et le Plan de Londres, par *Th. Jefferys :* deux Estampes.

132 Vues du Port et de l'Arsenal de Chatham, — du Chantier près de Plymouth, — de Portsmouth, par

Sam. et *Nath. Buck;* la Vue de la Citadelle de Plymouth, d'après S. Mace, par *Ch. Mosley :* quatre Estampes.

CALDWALL. (*Jean*)

133 Combat entre la frégate française *la Surveillante,* capitaine de Couedic, et la frégate anglaise *le Quebec,* capitaine Farmer, le 6 octobre 1779, d'après Carter.

CALLOT. (*Jacques*)

134 Le Passage de la mer Rouge, le Massacre des Innocens, la Vie de la Sainte-Vierge (quatorze pièces); la Vie de l'Enfant-Prodigue (onze pièces); saint Sébastien, saint Nicolas, la suite, dite *les petites Misères de la guerre* (six pièces); les Supplices, la Chasse au Cerf, la Foire de Florence (Exc. Nancy), *bailli di sfessania* ou figures de bouffons (quatorze pièces), etc. : en tout soixante-dix-neuf Estampes, douze Feuilles des siéges, et quatre Morceaux de bordures desdits siéges.

135 Le Triomphe de la Sainte-Vierge, le Martyre des Apôtres, la Tentation de saint Antoine, la suite, dite *les grandes Misères de la guerre* (dix-huit pièces); la Foire de Florence, le Brelan, le Parterre de Nancy, divers Paysages et Vues : cent vingt Estampes.

CANOT. (*Pierre-Charles*)

136 Vue du Vaisseau de ligne *le Grand Henri,* construit dans les chantiers du port de Woolwich, sous le règne d'Henri VIII, en 1514, gravé d'après le dessin d'Holbein ; des Vues de mer, d'après Bakuysen, Ruysdael et Van de Velde; et la Tour du Fermier, d'après Laer : onze Estampes.

137 Plans et Profils des Chantiers, des Ports de Chatham, Deptford, Plymouth, Portsmouth, Sheerness et Woolwich, d'après les dessins de Milton : six Estampes.

CARRACCI. (*Annibale*)

138 *Pensieri diversi* (Pensées diverses) , dessinées
et gravées par *Carracci;* Vierges , Sujets de dé-
votion et Études : cinquante-sept Morceaux sur
quarante-six Feuilles.

CAYLUS. (*Anne-Claude-Philippe* de Tubière ,
comte de)

139 Triomphe de Bacchus , Triomphe d'Amphitrite ,
Fêtes Lupercales , Fêtes à Palès , les Sens , etc. ,
d'après Bouchardon , par *Caylus* et *Fessard :* dix-
huit Estampes.

CLEVELEY. (D'après *Robert*)

140 Combat des Flottes françaises et anglaises , le
1er juin 1794 : deux estampes , par *Pouncy* et
Medland.

COCHIN fils. (*Charles-Nicolas*)

141 Sujets historiques, Fêtes et Cérémonies publiques,
Figures et Vignettes pour différens ouvrages , par
Cochin ou d'après lui : cent Estampes.

142 Les Ports de France , seize pièces ; quinze d'a-
près les tableaux de Vernet, qu'on voit au palais
du Sénat ; la seizième , d'après le dessin de Cochin ; Suite gravée par *Cochin* et *Jac. Ph. LeBas* ,
et sous leur direction ; et les Vues du Pont et du
Port de la Ville de Rouen , deux pièces , d'après
les dessins de Cochin , gravées sous la direction
de *P. Ph. Choffard :* dix-huit Estampes.

143* Deux Vues différentes de la Ville et du Port de
Bordeaux , n.os 9 et 10 de la suite des Ports.

144 Trois Sujets de la suite dite *les Batailles de la
Chine :* très-grands morceaux gravés par *Choffard* , *Le Bas* et M. *Prévost* , sous la direction de
Cochin ; et neuf Eaux-fortes de la même suite :
douze Estampes.

145 Les Figures pour le Roland furieux , gravées par
M. *Ponce* , pour la traduction de Dussieux ; quarante-six pièces : premières Epr. ; et vingt-trois

Pièces pour le même poëme, édit de Baskerville :
soixante-neuf Estampes.

CUNEGO. (*Domenico*)

146 Sujets de l'histoire d'Achille ; et Andromaque près
du corps d'Hector, d'après Hamilton : quatre Estampes.

DAUDET. (M.)

147 La grande Chasse au cerf, d'après Wouwermans ;
Vues de Pirna, en Saxe ; — du Pausilippe, près
de Naples ; et des Paysages, d'après Berghem,
Wagner et Vernet : neuf Estampes.

DAULLÉ. (*Jean*)

148 Nestier, écuyer, représenté à cheval, d'après de
Larue, par *Daullé ;* dix-neuf autres Portraits,
par le même graveur, *Cars, Chereau, Horthe-
mels* et *Lépicié* : vingt Estampes.

DELAULNE, dit MAITRE ETIENNE.
(*Etienne*)

149 Latone insultée par les paysans de Licie, qui
sont changés en grenouilles ; Apollon tuant le
serpent Python ; Diane et Orion ; Britomarte,
nymphe de Diane, se jetant dans la mer pour
éviter les poursuites de Minos ; Orion tué par
Apollon ; et Diane pleurant la mort d'Orion : compositions attribuées à Luc Penni, etc. : huit Estampes.

DELAUNAY. (*Nicolas*)

150 La marche de Silène, d'après Rubens ; la Partie
de plaisir, d'après Wééninx ; les Vierges sages
et folles, d'après Sckalken ; la bonne Mère, et
cinq autres sujets de scènes familières, d'après
Fragonard : neuf Estampes.

151 Différens Sujets ; Scènes familières, d'après Au-
bry, Baudouin, Bertin, Borel, Greuze, Lavreince,
Le Prince, Vangorp, Mlle Gérard, etc. ; par *Nic.*
et M. *Rob. Delaunay :* vingt-cinq Estampes.

Suite des Morceaux de Nicolas DELAUNAY.

152 Raynal, par *Nic. Delaunay*; cinquante-neuf autres Portraits, par *Duflos*, *Gaucher*, M. *Ingouf*, M. *Langlois* l'aîné, *Lemire*, *Marcenay* et M. *Tardieu* : soixante Estampes.

DEQUEVAUVILLER. (M.)

153 Combat et prise de la frégate anglaise *le Fox*, par la frégate *la Junon*, le 11 novembre 1778; — de la frégate française *la Surveillante*, contre la frégate anglaise *le Quebec*, qui périt à la fin du combat, le 6 octobre 1779; — du vaisseau français *l'Annibal*, de soixante-quatorze, qui combattit d'abord seul contre treize vaisseaux anglais, et continua l'action secouru par deux vaisseaux de soixante-quatre, le 18 décembre 1779; — des frégates françaises *l'Astrée* et *l'Hermione*, contre six bâtimens de guerre anglais, dont un fut pris le 21 juillet 1781; pièces gravées d'après les tableaux de **M.** Rossel : quatre Estampes.

DESPLACES. (*Louis*)

154 Les quatre Elémens, d'après L. de Boullongne; le Feu et l'Eau, par *Desplaces*; l'Air et la Terre, par *C. Dupuis;* onze autres Morceaux, la plupart d'après Jouvenet : quinze Estampes.

DIES. (*A.... C....*)

155 Des Vues d'Italie, dessinées à Rome, et gravées à l'eau-forte par *Dies*, *J. Michau* et *C. Reinhart*, de 1792 à 1794 : vingt-quatre Estampes.

DIETRICY. (*Christiam-William-Ernest*)

156 Divers Sujets et Paysages; onze Morceaux par *Dietricy*, ou d'après lui par *Le Bas*, M. *Le Vasseur, Leveau, Malœuvre* et *Zingg;* et treize Vues et Paysages, par *Everdingen :* vingt-quatre Estampes.

DODD. (*Robert*)

157 Officiers, Soldats et Matelots échappés des vaisseaux *le Centaure* et *le Guardian*, prêts à périr;

Suite des Morceaux de Robert DODD.

Vaisseaux allant aux Indes, et Vues des Chantiers
des ports de Chatham et de Woolwich : huit Estampes à l'aquatinta.

158 Actions navales; Dessins de Vaisseaux : quatorze
Estampes.

159 Combats entre les Flottes anglaises et espagnoles,
le 16 janvier 1780 ; — des Flottes anglaise et hollandaise, le 5 août 1781 ; — des Flottes française
et anglaise, le 12 avril 1782 ; autre des frégates *la Cléopâtre* et *la Nymphe* : sept Estampes.

DREVET père. (*Pierre*)

160 Le prince de Dombes, d'après de Troy; le comte
de Toulouse (deux Epreuves avec différences);
et la duchesse de Nemours, d'après Rigaud : quatre Estampes.

161* Louis XIV représenté en pied et en manteau
royal, d'après Rigaud.

DREVET fils. (*Pierre*)

162* La Présentation au Temple, d'après L. de Boullongne : anc. Epr.

163 Rebecca, Minerve montrant à un jeune Prince
le Temple de l'Immortalité, d'après Ant. Coypel : trois Estampes.

164 Le portrait de Fénélon, d'après Vivien ; Denis
de Sainte-Marthe, Dufay, etc. : cinq Estampes.

165 Le cardinal Dubois, Samuel Bernard, portrait en
pied (Epreuve avant le titre de conseiller d'état),
d'après Rigaud ; Tressan, archevêque, aux pieds
de la Sainte-Vierge, d'après S. M. Vanloo (Pl.
pour l'édit. *in*-8. du bréviaire de Rouen) : trois
Estampes.

DYCK. (*Antoine* Van)

166 Le Christ, dit *le Christ au roseau ;* les portraits
de P. et J. Breughel, Monper, Vorsterman,
Vranx et Wael : Morceaux à l'eau-forte, par *Van*

*Suite des Morceaux d'*Ant. Van DYCK.

Dyck ; cinquante-trois autres Portraits , plusieurs d'artistes d'après Van Dyck, par *Lombart , Pontius , Vermeulen , Vorsterman* : soixante Estampes.

167 Le Christ mort, d'après Van Dyck, par *Vorsterman ;* quinze autres Morceaux , d'après le même maître , Van Hoeck , Jordaens et Seghers : seize Estampes.

168 Vingt-deux Estampes , Portraits , par *Van Dyck,* et d'après lui , Rubens , et autres.

EDELINCK. (*Gérard*)

169* La Sainte-Famille, accompagnée de sainte Anne, du jeune saint Jean et de deux Anges , d'après Raffaello ; Epr. avant les armes de Colbert : le titre de l'Estampe est coupé.

170* La Magdeleine repentante se dépouillant de ses vêtemens , et renonçant aux vanités du siècle , d'après Le Brun : première Epr. avant la bordure gravée autour de la composition.

171 La Providence prenant Louis XIV sous sa protection , Sujet dit *la Thèse de la Providence ,* d'après Le Brun ; Moyse , par *Nanteuil* et *Edelinck,* d'après Champagne, etc. : quatre Estampes.

172 Bossuet , Santeuil , Duquesne , La Fontaine , et sept autres Portraits , la plupart d'Hommes illustres : onze Estampes.

EDELINCK. (*Nicolas*)

173 Balthasar Castiglione , d'après Raffaello ; la Marquise de Sévigné , d'après Nanteuil , par *Nic. Edelinck* ; et trente - quatre Portraits , le plus grand nombre par *Bern. Picart :* trente-six Estampes.

EMES. (*Jean*)

174 Secours donnés par le brigadier Curtis à ses ennemis , le 14 septembre 1782 , après la destruction des batteries flottantes devant Gibraltar , d'après Jam. Jefferys.

FARINGTON. (d'après *Joshua*)

175 Vue de la Vallée de Keswick, — de la Grange
en Borrowdale, — du Mont Skiddaw, — de la
Cataracte de Lowdore, — des Lacs Gras-Mère
et Rydal-Mère, par *Medland* et *Pouncy* : six
Estampes.

FICQUET. (*Etienne*)

176 P. Corneille : Epr. avant les noms d'auteurs ;
Crébillon, Descartes, La Fontaine, La Mothe-
Le-Vayer, Molière, Montagne, Regnard,
J.-B. et J.-J. Rousseau, et Voltaire : onze Es-
tampes, anc. et très-belles Epr.

FLAMEN. (*Albert*)

177 Campémens d'Armée, Emblêmes, Vues, Paysages,
Oiseaux, et la Bordure qui entoure l'Almauach
de 1660, etc. : cent vingt Estampes dans 1 *vol.*
in-fol. parch.

178 Poissons de mer, Poissons d'eau douce : cent six
Estampes ; plusieurs sont doubles.

FLIPART. (*Jean-Jacques*)

179 L'Accordée de village, et le Paralytique, d'après
Greuze ; les Chasses aux Tigres et aux Sangliers,
d'après Boucher et Vanloo ; et la Tempête,
d'après Vernet : sept Estampes.

FOUARD. (*Moyse-Jean-Baptiste*)

180 Vue et prise de la Ville et du Château d'Auguste,
en Sicile, par l'armée navale de France aux
ordres du duc de Viuonne, le 17 août 1675 ; et
Vue de l'Armée navale de France, aux ordres de
Duquesne, devant Gênes, le 24 janvier 1684,
d'après J. Van Beecq : cinq Epr. de ces deux
Estampes.

GALLE le Vieux. (*Corneille*)

181* Judith qui coupe la tête à Holopherne, d'après
Rubens ; Pièce dite *la grande Judith* : anc. Epr.

GALLE le Jeune. (*Corneille*)

182 Vénus allaitant les Amours, titre *crescetis Amores*, d'après Rubens : anc. Epr.

GAUGAIN. (*Thomas*)

183 Capitaine, Officiers et Matelots, sauvés dans une pinasse, au nombre de douze, et échappés du *Centaure*, vaisseau de guerre de 74, englouti dans une tempête en septembre 1782, d'après Northcote ; et *the Grosvenor East Indiaman*, d'après Smirke ; cette seconde Pièce par *Pollard* : deux Estampes.

GESSNER. (*Salomon*)

184 Des Paysages, la plupart avec figures, vingt-un morceaux, par *Gessner* ; six Sujets, par *Nothnagel* et *Rode* : vingt-sept Estampes.

GHISI, dit IL MANTUANO. (*Giorgio*)

185 Les Sibylles et les Prophètes peints à la chapelle Sixtine, au Vatican, par *Buonaroti*, etc. : vingt-deux Estampes. †

GOUDT. (*Henri*)

186 Tobie et l'Ange (deux Compositions différentes de ce Sujet) ; la Décolation de saint Jean, Jupiter et Mercure chez Philemon et Baucis, Stellion changé en lézard par Cérès ; et la Vue d'une Campagne au lever de l'aurore, d'après Elzheimer : huit Estampes de *Goudt* et *d'Hollar*.

GOUPY. (D'après *Josua*)

187 Quatre Vues de Malthe, par *Benoist* ; six autres Vues par *J. Vander Gucht*, d'après Lambert et Scott ; Bombay, le Cap de Bonne-Espérance, etc. : dix Estampes.

GUEROULT - DUPAS. (*Jacques*)

188 Des Bâtimens de la mer Océane et de la mer Méditerranée, et des Vues de Mer, gravées au commencement du siècle dernier : cinquante-six Estampes.

HACKERT. (D'après *Philippe*)

189 Vues d'Italie, d'après Hackert, par *Aloja*, *Dunker*, *Eichler*, *Gmelin* et *de Grado* : six Estampes.

HAINZELMAN. (*Elie*)

190* La Sainte-Vierge près de l'Enfant-Jésus, faisant observer le silence au jeune saint Jean, d'après Ann. Carracci ; Pièce connue sous le titre du *Silence* : anc. Epr.

HOLLAR. (*Wenceslas*)

191 La Mort étendant son empire sur des personnes de toutes sortes de conditions, d'après Holbein, suite de trente Pièces, dite *la Danse de la Mort* ; Jésus en croix, d'après Van Dyck ; divers Paysages, Vues, Portraits, Etudes de têtes, et la Pièce dite *les petits Manchons* : soixante-six Estampes, et un Recueil de trente-huit Vues.

192 Vues de la Ville de Londres, avant et après l'incendie de 1666 (deux Pièces), — du château dit *la Tour de Londres*, — de Gréenwich sur la Tamise, — de la ville de Tanger en Afrique (six Pièces) ; les Plans et Profils de Hull et d'Oxford ; et quelques Paysages, Marines et suites de Navires, d'après Péters et Vadder : quarante-neuf Estampes.

HOOGE. (*Romyn* de)

193 Actions militaires, Traits d'Histoire et Allégories ; Morceaux par de *Hooge* : vingt-huit Estampes.

JANINET. (M.)

194 Foire hollandaise, le Nouvelliste, la Tabagie, la Baraque, et la Chaumière, d'après Ostade, etc. : vingt-neuf Estampes coloriées.

195 Monumens et Maisons de Paris, gravés au lavis, par M. *Janinet* et autres ; la plupart d'après les dessins de M. Durand : quarante Estampes en couleur.

JARDIN. (*Carle* du)

196 Cinquante-deux Estampes, composant l'Œuvre

de ce maître : elles offrent des Sujets, des Paysages et des Animaux.

JODE le Vieux. (*Pietre* de)

197 Le Jugement dernier, d'après Jean Cousin : très-grande Estampe en hauteur, et de douze feuilles assemblées.

JUKES. (*F.*)

198 Vues prises dans la mer du Sud, *Charlotte Sound*, ou Détroit de Charlotte; — *Huaheine*, une des Isles de la Société; — *Morea*, une des Isles de l'Amitié; — *Owhyée*, une des Isles de Sandwich, d'après les Dessins faits d'après nature par Jac. Cleveley : quatre Estampes à l'aquatinta.

199 Naufrage du vaisseau *le Centaure* : deux Pièces à l'aquatinta.

200 Attaque de Gibraltar, Paysages, etc., par *Jukes* et *Tomkins* : cinq Estampes.

KIRKALL. (*Edouard*)

201 Actions navales et Vues de Mer, d'après W. Vander Velde; Morceaux en manière noire, imprimés en vert : trente-une Epreuves, la plupart doubles.

LAAN. (*A.*   Vander)

202 Délices de Mer, Terre et de Rivière, ou Vues de Bâtimens et Vaisseaux, par *Laan* : vingt-une Estampes.

203 Bâtimens de Mer de diverses nations; Pêche de la Baleine, du Hareng, et autres pêches, d'après S. Vander Meulen : cinquante Estampes.

LAGRENÉE. (M.)

204 Sujets, Etudes et Ornemens gravés à l'eau-forte ou au lavis, par M. Lagrenée, la plupart sur ses propres Compositions : quarante Estampes.

LAIRESSE. (*Gérard* de)

205 L'Œuvre de ce maître, ou Recueil de Sujets et Etudes, la plupart à l'eau-forte, par lui-même, ou

d'après lui par *Babtist*, *Blooteling*, *de Blois*, *Glauber*, *Munichuysen* et *Valck* : cent soixante-quatre Planches (titres compris). 1 *vol. in-fol.* cart. †

LAMBERT et S. SCOTT. (D'après *Georges*)

206 Vues différentes de *Mount-Edgcumbe* et de *Plymouth*, par *Canot* et *Mason* : cinq Estampes.

LANGLOIS l'aîné. (M.)

207 Les Portraits de Pierre I.er, Frédéric II, Vertot, Voltaire, le Dominicain, François Langlois, dit *le Joueur de Musette*, et madame Duchatelet : huit Epreuves ; trois avant la lettre.

LE BAS. (*Jacques-Philippe*)

208 Fêtes et Réjouissances flamandes, Chasses, Vues et Paysages, d'après Sal. Rosa, Berghem, Breughel, Du Jardin, Ostade, Rembrandt, Ruysdael, Teniers et Wouwermans : vingt Estampes.

209 L'Enfant prodigue, les Œuvres de Miséricorde, Fêtes et Réjouissances flamandes, d'apres Teniers : douze Estampes. †

210 La Récompense villageoise, ancien Port de Messine, d'après Claude Le Lorrain ; Sujets, Chasses, Marines, Paysages et Vues, d'après Boucher, Greuze, Lancret, Oudry, Vernet et Watteau : dix-sept Estampes.

LE CLERC. (*Sébastien*)

211 L'Entrée d'Alexandre dans Babylone, l'Académie des Sciences, la suite dite *les petites Conquêtes*, l'Arc-de-Triomphe de la porte Saint-Antoine, divers Paysages, Vues, Vignettes et Principes du Dessin : deux cent quarante Estampes.

LE GOUAZ. (M.)

212 Nouvelles Vues perspectives des Ports de France, d'après les Dessins de M. Nic.-Mar. Ozanne : soixante-deux Pièces (le Titre et la Carte compris); Vues des Colonies et de quelques Rades et Ports

Suite des Morceaux de M. Le Gouaz.

de France , d'après les Dessins de MM. Nic.-Mar.
et P. Ozanne : dix-huit Pièces ; les huit Vues des
Colonies ont été gravées par *Jeanne-Françoise
Ozanne :* soixante-dix-huit Morceaux.

213 Embarquement de la jeune Grecque , et Choix du
Poisson , d'après Vernet ; Vues de Naples , de
Calvi , et du Port de Saint-Florent , d'après La
Croix : dix-huit Estampes.

LEMPEREUR. (*Louis-Simon*)

214 Le Jardin d'Amour, d'après Rubens; et sept Sujets
d'après Boucher, Pierre et Vanloo : huit Estampes.

LE PRINCE. (*Jean-Baptiste*)

215 Scènes familières, Costumes , Vues, Paysages et
Etudes , gravés à l'eau-forte ou au lavis , par
Le Prince; les Nappes d'Eau , d'après ce maître ,
par M. *Godefroy;* et le Port de Saint-Pétersbourg,
par *Le Bas* : quarante-six Estampes.

LE VASSEUR. (M.)

216 Léonard de Vinci mourant dans les bras de François I.er, d'après M. Ménageot; et onze autres Sujets d'après des Peintres français : douze Estampes.

LOIR. (*Alexis*)

217 La Chute des Réprouvés, et le Massacre des Innocens , d'après Le Brun ; treize autres Morceaux ,
Sujets et Plafonds , d'après le même : quinze Estampes.

LOUTHERBOURG. (*Jacques-Philippe*)

218 L'Embarquement, la Tempéte, d'après Loutherbourg , par *Picot* et *Smith;* Naufrage du vaisseau *le Neptune* , par *R.-B. Godefroy* ; et des Actions navales , d'après Kitchingman et Luny : huit
Estampes.

MACRET. (*Charles-François-Adrien*)

219 Prémices de l'Amour-propre , d'après Gonzales ,
Epreuve avant la lettre ; trois autres Morceaux ,
par *Schulze* , *Strange* et *Walker* : quatre Estampes.

MAJOR. (*Thomas*)

220 Vue de *Land-Guard*, fort dans le comté de Suf-
folk, d'après Gainsborough ; le Manège, et *the
Death of the Stag* (la Mort du Cerf), d'après Wouwermans : quatre Estampes.

MANGLAR. (*Adrien*)

221 Vues de Monumens d'Italie, Marines et Paysages
gravés à l'eau-forte par ce maitre, la plupart en
1753 et 1754 : quarante Estampes.

MARCENAY DE GUY. (*Antoine* de)

222 Recueil de Sujets de l'Histoire sainte et de l'Histoire profane, Portraits d'hommes illustres, Paysages, etc., gravés par *De Marcenay*, à l'imitation
de Rembrandt, d'après Van Dyck, Rembrandt,
Ger. Dow, Le Poussin, Le Brun, Vernet, ou sur
ses propres Dessins. 1 *vol. in-fol. parch.*

MARILLIER. (*Clément-Pierre*)

223 Figures pour les *Œuvres de Le Sage*; son Portrait,
par *Guélard* (cent onze Pièces); Figures pour les
Œuvres de l'abbé Prévost ; son Portrait, par
Ficquet (cent onze pièces). Les deux cent vingt
Figures gravées par *Nic. Delaunay* et sous sa di-
rection : deux cent vingt-deux Estampes.

MARTINI. (*Pietro Antonio*)

224 Vues de la ville d'Avignon, du *Porto Ercole* et de
Spoleto, d'après Vernet : trois Estampes.

MASSARD père. (M.)

225 La Mère bien aimée, d'après Greuze, par M. *Massard;* dix-sept autres Morceaux, d'après le même
maitre : dix-huit Estampes.

MASSON. (*Antoine*)

226 Marin Cureau de la chambre, médecin ordinaire
du Roi, buste dans un ovale, gravé en 1665
d'après P. Mignard : Epr. avant la contre-taille.

MATHIEU. (M.)

227 Pélerinage à saint Nicolas, d'après Delaunay de

Bayeux ; Vues des environs de Lisbonne et de Messine , d'après MM. Noel et Taunay : quatorze Estampes.

MÉRIGOT. (*J.*)

228 Vues de Torneo , d'après L. Belanger, — du Sund et du château de Cronenbourg , d'après P. Vanlerberghe : deux Estampes à l'aquatinta.

MEULEN. (D'après *Antoine-François* Vander)

229 Recueils d'Estampes , Marches d'armées , Campemens de troupes , Batailles , Attaques et Prises de places, Entrées et Cérémonies publiques , gravés par *Baudouins, Bonnart , Cochin , Ertinger , Huchtenburgh* et *Scotin ;* et des Paysages de *Genoels* et *Baudouins :* soixante dix-sept Estampes, précédées du portrait de Vander Meulen , d'après de Largillière , par *Schuppen.* 1 vol. *in-fol. v. b.*

230 Entrée de Louis XIV dans la ville de Dunkerque , par *Hooghe ;* huit Sujets militaires , par *Huchtenburgh ;* des Paysages et des Vues de Parcs et de Jardins , par *Baudouins , Francisque* et *Genoels :* soixante-dix Estampes.

MONNOYER , dit BAPTISTE. (*Jean - Baptiste*)

231 Vases , Corbeilles , Paniers et Guirlandes de fleurs , par *Baptiste* , ou d'après lui par *Vauquer,* etc. : soixante-quatre Estampes.

MOREAU. (M. *J.-Mich.*)

232 Serment de Louis XVI à son sacre , le 11 juin 1775 , dessiné et gravé par M. *Moreau ;* Traits historiques , Allégories, Fêtes publiques , Vues, Figures et Vignettes pour différens ouvrages , d'après ce maître , par des graveurs modernes : cent trente Estampes.

233 Des Figures des Œuvres de J. - J. Rousseau , d'après des dessins de MM. Moreau et Le Bar-

bier; trente-six Pièces et le portrait de J.-Jac. Rousseau, d'après de La Tour, par *Saint-Aubin :* trente-
sept Estampes *in-4.*

MORGHEN. (M. *Raphaël*)

234 La Transfiguration de Notre-Seigneur, d'après
Raffaello d'Urbino ; prem. Epr. On y voit la pré-
paration de divers travaux et ceux qu'avait presque terminés M. Morghen · cette planche a été
finie depuis par M. *Antonio Morghen.* †

235 La Sainte-Vierge, l'Enfant Jésus et le petit saint
Jean, sujet dit *la Madona della Sedia;* et la Poésie,
d'après Raffaello : deux Estampes. †

236* Angélique et Médor, d'après Théod. Matteini.

237 François de Moncada, marquis d'Aytone, représenté à cheval et en cuirasse, d'après Van
Dyck ; portrait connu sous le titre du *Cavalier.*

238 Une Princesse russe et ses enfans, d'après An-
gelica Kauffman ; Thalie un masque à la main :
deux Estampes.

239 Le Repos en Egypte, et le Temps qui fait danser
les Etats de la vie humaine (Sujet connu sous
le titre des *Heures*), d'après Le Poussin : deux
Estampes.

NANTEUIL. (*Robert*)

240 Anne d'Autriche, d'après Mignard ; Pl. de 1600 ;
les ducs de Bouillon, de Longueville (d'après
Champaigne), et de Vendôme ; le Maréchal de
la Meilleraye, Mazarin, La Vrillière et Sarrazin :
huit Portraits.

241 Lamothe-Le-Vayer, homme de lettres et précep-
teur de Monsieur, frère du Roi Louis XIV ;
buste dans un ovale, dessiné et gravé en 1661 :
anc. Epr.

242 Jean Loret, poète français ; buste dans un ovale,
gravé en 1658 : anc. Epr.

NAUDET. (*Thomas-Charles*)

243 Actions navales, Marines, Vues de Vaisseaux et

Bâtimens de différentes nations, d'après les Dessins de M. Freret : dix-huit Estampes.

OSTADE. (*Adrien* Van)

244 Scènes de Tabagies, Paysages et Etudes, par *Ostade*, ou d'après lui par *Suyderhoef* et *C. Wischer* ; le Cabaret flamand, d'après Isaac Ostade, par *de Longueil* : vingt-six Estampes.

OZANNE. (Feu M. *Nicolas-Marie*)

245 Recueil d'Estampes, par ce maître et d'après lui.

Morceaux dessinés et gravés par M. OZANNE.

Vue de la construction des Bassins de Pontaniou au port de Brest : gravé en 1756.

Embarquement au port de Brest : gravé en 1756.

Vue du Vaisseau du Roi *le Duc de Bourgogne*, lancé à Rochefort en 1751 : gravé en 1757.

Combat de Saint-Cast, gagné sur les Anglais, en 1758 ; les troupes commandées par M. d'Aiguillon.

Cent onze autres Morceaux, formant, la plupart, des Cahiers de Principes, de Paysages et de Marines, des Vues de Ports, de Vaisseaux évoluans, et de diverses autres manœuvres de guerre (*).

Suite.

Marine militaire, ou Recueil de différens Vaisseaux qui servent à la guerre ; suivis des manœuvres qui ont le plus de rapport aux combats, ainsi qu'à l'attaque et la défense des ports : cinquante Planches *in-8*. Ouvrage publié à Paris, en 1762 ; dédié à M. de Choiseul.

Morceaux d'après M. OZANNE.

Combat naval gagné sur les Anglais, en 1756, par M. de la Galissonière : gravé par M. *Pierre Ozanne*.

Nouveau Livre de Dessin, à l'usage des jeunes militaires qui se destinent à la marine : quatre Planches *in-4.*, par M. *P. Ozanne*.

Quatre-vingt-deux Morceaux : Manœuvres de Vais-

____

(*) M. *Ozanne* a souvent fait travailler à ses planches *Jeanne-Françoise* et *Marie-Jeanne Ozanne*, ses sœurs, dont le nom se trouve à plusieurs de ses ouvrages.

Suite des Morceaux d'après M. OZANNE.

seaux, Vues de Brest et de Paris, Paysages, Marines, etc.; par *Jeanne-Françoise, Marie-Jeanne* et M. *P. Ozanne.*

Frontispice pour le Traité de Marine de Duhamel-du-Monceau : gravé par *Chédel.*

Première et deuxième Vues de Cadix, par M. *Deque-vauviller.*

Vaisseaux présentés au Roi par les Provinces de France, en 1761 et 62 : gravé par M. *Prévost.*

Différentes Suites.

Recueil des Combats de Dugay - Trouin ; gravé par J.-*Franç. Ozanne* et M. *Le Gouaz :* vingt-trois feuilles *in-fol.* (Titre, Portrait, Texte gravé et Carte comprise). Suite publiée en 1774.

Recueil de Combats et d'Expéditions maritimes, ou Exemples des Progrès de la Tactique et de l'Art de construire des vaisseaux en Europe, dans les deux derniers siècles. Paris, 1797 : cinq premières Livraisons *in-fol.* broch. Ces Livraisons contiennent vingt-cinq Vues perspectives et pittoresques, gravées par M. *Dequevauviller* (Epr. avant la lettre); et quatorze Cartes et Plans.

Nouvelles Vues perspectives des Ports de France, gravées par M. *Le Gouaz :* soixante Estampes, Epr. avant la lettre; *plus,* un Titre et une Carte.

Vues des Colonies et de quelques Rades et Ports de France : dix-huit Estampes. Les huit Vues des Colonies, gravées par J.-*Franç. Ozanne ;* les Rades et les Ports, par M. *Le Gouaz :* Epr. avant la lettre (*).

En tout deux cent trente Pièces en feuilles, tant à l'eau-forte, que terminées ; cinq Suites, une reliée, les quatre autres en feuilles ou en cahiers brochés. Un Porte-feuille *in-fol.*

PATON. (D'après *R....*)

246 Attaque, Combat et Défaite de la flotte turque brûlée dans la baie de Chesème, par la flotte impériale russe, commandée par le comte Alexis Orloff, le 10 juillet 1770, par *Mason, Canot* et *Wats ;* neuf autres Actions navales et Vue de mer : quinze Estampes.

(*) La Rade de Cherbourg est gravée d'après le dessin de M. *P. Ozanne.*

Suite des Morceaux d'après R. PATON.

247 Actions navales à l'attaque de Gibraltar, en 1782; les Vues d'Alcantara et de Bellem, et celle de Lisbonne avant le tremblement de terre de 1757, gravés par *Canot, Fittler, Fourdinier, Lerpinière, Mason* et *Walker,* d'après Paton et Wil. Hamilton : neuf Estampes.

248 *Le Quebec* et *la Surveillante,* et des Batailles navales, par *Fittler* et *Lerpinière* : six Estampes.

PEETERS. (D'après *Jean*)

249 Vues des Dardanelles, des Isles de l'Archipel, des côtes de Barbarie, du Détroit de Gibraltar, etc.; par *Vorsterman* et autres : trente-six Estampes; plusieurs sont doubles.

PERELLE. (*Gabriel*)

250 Vues d'Italie, de France et des Paysages; soixante par les *Perelle ;* soixante-douze par *Isr. Silvestre ;* et cinquante-quatre Paysages du *Guaspre, Le Clerc, Mauperché, Montaigne, Morin,* et autres : cent quatre-vingt-six Estampes.

PESNE. (*Jean*)

251 La Sainte Famille et saint Jean, d'après Raffaello ; Langlois, d'après Van Dyck ; L'Assomption de la Sainte-Vierge, le Triomphe de Galathée, et la Charité romaine, d'après Le Poussin, par *Pesne:* onze autres Morceaux, d'après le même maître : seize Estampes.

PIAZETTA. (D'après *Giovanni Battista*)

252 Sujets de demi-figures, Portraits et Etudes de Têtes, par *Magna, Pitteri* et *Viero :* onze Estampes.

PICART, surnommé LE ROMAIN. (*Etienne*)

253 La Vierge, dite *le Silence,* d'après Ann. Carracci ; sainte Cécile et le Concert, d'après Domenichino, par *Picart le Romain ;* Diane et Calisto, et le Triomphe de la Peinture, par *Bern.*

Picart ; Erigone , par *Vermeulen* : sept Estampes.

PIRANESI. (*Giovanni Battista*)

254 Divers Monumens d'Italie : neuf Estampes.

POILLY. (*François* de)

255 La Fuite en Egypte, d'après Reni ; la Sainte-
Vierge , saint Joseph , un Ange , et le petit saint
Jean près de l'Enfant Jésus endormi , d'après
Le Bourdon ; saint Charles Borromée donnant la
communion aux pestiférés , d'après P. Mignard :
première Epreuve , où le saint donne le viatique
de la main gauche : cinq Estampes.

256 Saint Jean dans l'ile de Pathmos , d'après Le
Brun ; dix autres Morceaux , d'après différens
maîtres des trois Ecoles : vingt-cinq Estampes. †

PORPORATI. (M.)

257 *Il Bagno di Leda* (le Bain de Léda) , d'après
Correggio : Epr. avant la lettre et sur papier de
soie.

258 Le Bain de Léda : prem. Epr. avec la lettre , mais
avant l'adresse.

259 Suzanne au bain , d'après Santerre : Epr. où les
mots *pour sa réception à l'Académie* , ont été
grattés ; Tancrède et Clorinde , d'après Vanloo :
deux Estampes.

RANDON. (*Claude*)

260 Bâtimens de mer , seize pièces , par *Randon* ;
coupe d'une Galère , par *Bart. Chassé* : dix-sept
Estampes.

REMBRANDT. (*Van Rhyn* , dit)

261 Triomphe de Mardochée , Annonce aux Bergers,
Notre-Seigneur guérissant les malades , Morceau
dit *la Pièce de cent florins* (Epr. de la retouche
de *W. Baillie*) ; Mariage de Créuse et de Jason ;
des Paysages , des Portraits et des Etudes de

têtes , par *Rembrandt*, ou d'après lui : trente Estampes.

RIDINGER. (*Jean-Elie*)

262 Huit des Sujets de l'histoire d'Adam et Eve ; autres des Saisons, des Heures du jour et des suites
des Fables instructives du règne des Animaux ;
divers Combats , Chasses et Études , par ce maitre : cent seize Estampes.

263 Chasseurs au tir et au vol, Etudes de divers Animaux , Quadrupèdes et Oiseaux , par *Ridinger*
fils , d'après les Dessins de son père : quarante-
deux Estampes.

RIGAUD. (*Jacques*)

264 Actions navales , Vues de France et d'Angleterre ,
Ports , Châteaux et Parcs : trente - huit Estampes.

ROULLET. (*Jean-Louis*)

265 Le Christ mort , et les saintes Femmes au tombeau , d'après Ann. Carracci , par *Roullet;* David,
et les Travaux d'Hercule , d'après Reni ; le Christ
au tombeau , d'après Tiziano ; et les Evangélistes, d'après Le Valentin : ces différens Morceaux
par *Gil. Rousselet :* douze Estampes.

266* La Sainte-Vierge présentant une grappe de raisin
à l'Enfant - Jésus assis sur ses genoux, d'après
P. Mignard : Pièce dite *la Vierge aux Raisins;*
ancienne Epreuve.

RUBENS. (D'après *Pierre-Paul*)

267 Des Sujets tirés de l'Ancien et du Nouveau-Testament , Vierges , Saints et Saintes , Traits fa-
buleux et historiques , et Paysages, par *Bolswert* , *Pontius* , *Soutman* , *Van Orley* , *Vorsterman* , etc. : quarante-deux Estampes.

SADELER. (Les)

268 Quelques Sujets de l'Histoire sainte , les Saisons ,

les Mois de l'année , et des Paysages , d'après
différens Maitres : trente-cinq Estampes.

SAINT-AUBIN. (*Augustin* de)

269 Vénus Anadyomène , d'après Tiziano ; première
Epreuve avant la coquille et avant la bordure :
Jupiter et Léda , d'après Cagliari Veronese ; Epr.
avant la lettre : deux Estampes.

270 Personnes célèbres dans l'Epée , la Robe , les
Sciences , les Lettres et les Arts : Collection de
cent-trente-deux Estampes , en partie composée
de Portraits d'hommes illustres du siècle dernier ;
premières Epreuves presque toutes avant la lettre.

271 Les Pierres gravées du Cabinet d'Orléans , dessinées par Saint-Aubin : Planches exécutées par
ce maître et sous sa direction , pour la Description de ce Cabinet , par de La Chau et Le Blond ;
ouvrage publié en 2 *vol. in-fol.*, en 1780 , savoir :
pour le 1er. volume , un Fleuron , un Portrait ,
une Vignette , quarante-six Culs-de-Lampe et
cent deux Figures (sous quatre-vingt-dix-sept
numéros) ; pour le second volume , un Fleuron ,
une Vignette , dix Culs-de-Lampe , et soixante-
dix-sept Figures (sous soixante-seize numéros) ;
plus , sept Pièces , où sont représentées trente-huit
Médailles *spentriennes* : deux cent quarante-sept
Estampes.

SALLIETH. (*M.*)

272 Ports de Hollande , vingt-cinq Pièces , d'après de
Jong ; et des Vues de Batavia , six Morceaux ,
d'après Kobell : trente-une Estampes.

SAVART. (*Pierre*)

273 Les Portraits de Bayle , Bernis , Boileau (*moy.*
Pl.) , Bossuet , Buffon , Catinat , Deshoulières ,
La Bruyère , Louis XIV, Montesquieu (*moy. Pl.*),
Rabelais et le Cardinal de Richelieu ; Epreuves
avant la lettre : douze Estampes.

Suite des Morceaux de Pierre SAVART.

274 Diane et Endimion, et dix Portraits : onze Estampes ; premières Epreuves avec la lettre.

SCHMIDT de Berlin. (*Georges-Frédéric*)

275 Jésus-Christ guérissant la fille de Jaïre, et Jésus-
Christ couronné d'épines et présenté au Peuple,
d'après Rembrandt ; Téte de Vieillard, d'après
Flinck ; Agar présentée à Abraham, et la Pré-
sentation au Temple, d'après Dietricy ; et le
Portrait de Schmidt ; Morceaux à l'eau-forte :
J.-B. Rousseau et P. Mignard ; Portraits gravés
au burin : huit Estampes.

SCHULTZE. (M.)

276 Vénus liant les ailes de l'Amour, la Paix et
l'Abondance, et l'Innocence et la Justice, d'après
madame Le Brun, par M. *Schultze*, *Viel* et *Bartolozzi*, etc. : quatre Estampes.

SCHUTZ. (*Charles*)

277 Vues de la Ville de Vienne et de différens Monumens de cette Capitale ; Morceaux dessinés et
gravés à l'eau-forte et au lavis, par *Schütz* :
quatorze Estampes ; Epreuves en couleurs.

SERRES. (D'après *Dominique*)

278 Triomphe de la Grande-Bretagne, en 1762 : douze
Estampes par *Canot* et *Mason*, suite précédée
de quatre Feuilles de texte en anglais et en francais.

279 Batailles navales entre les Flottes d'Angleterre
et de France, les 16 janvier 1780, 12 avril et
12 décembre 1782, gravées par *Rob. Wilkinson*
et *Rob. Pollard* : sept Estampes.

280 Actions navales, Vues de Ports, etc., d'après
Serres et R. Short, par *Benoist*, *Canot*, *Elliot*,
Fittler, *Mason* et *Skelton* : quatorze Estampes.

SHARP. (*William*)

281 Sortie faite par la Garnison de Gibraltar, le 27 novembre 1781, d'après Trumbull.

SMITH. (D'après *Georges* et *Jean*)

282 Vues de *Darwentwater*, *Thirlmeer*, *Ennerdale*
Broadwater, *Windermeer*, et diverses autres
Vues et Paysages : vingt-deux Estampes.

STRANGE. (*Robert*)

283 *Parce Summum rumpere*, d'après Maratti ; et
Vénus, d'après Tiziano : deux Estampes. †

SWANEVELT, dit HERMAN D'ITALIE. (*Herman*)

284 Vues d'Italie, Paysages et Animaux, quatre-vingts
Pièces, par *Swanevelt ;* quatorze autres de *Ruys-
dael*, *Stoop* et *Teniers* : quatre-vingt-quatorze
Estampes.

TARDIEU. (M. *Alexandre*)

285 Henri, prince de Navarre, Portrait en pied d'a-
près Janet ; Henri IV, roi de France ; Stanislas,
roi de Pologne (deux Epreuves avec des différences) ; la Reine de Prusse, Washington, La
Pérouse et Voltaire : huit Estampes.

286 Henri IV, Roi de France : Portrait en pied d'après
le Tableau de Porbus de la Galerie du Palais-
Royal ; Epreuve avant la lettre.

287* Napoléon, premier Empereur des Français, Roi
d'Italie, représenté en pied et en manteau impé-
rial, d'après le dessin de M. Isabey : Portrait
entouré d'une Bordure gravée sur le dessin de
M. Percier, par MM. *Malbeste* et *Dupréel ;*
Morceau exécuté pour l'Ouvrage sur le Sacre de
Sa Majesté l'Empereur et Roi ; Epreuve avant la
lettre. †

TIZIANO VECELLIO, dit LE TITIEN.

288 Saint Jérôme priant dans la solitude, saint Nicolas, évêque de Myre, accompagné de l'Apôtre
saint Pierre, de sainte Catherine, de saint François, de saint Antoine de Padoue, et du mar-
tyr saint Sébastien : la gravure de ces deux

Morceaux exécutés en taille de bois, est attribuée au Titien (*). Pièces sans marque ; le Triomphe de Jésus-Christ, d'après le même maître : au bas de ce morceau, en huit feuilles, composé dans une forme de frise, la louange de Jesus-Christ en langue française ; et trente autres Morceaux : trente-trois Estampes.

VELDE. (*Esaïe* et *Jean* Van de)

289 Baleine pêchée sur les côtes de la Hollande ; et une suite de huit petits Paysages, par *Esaie Van de Velde* ; le Sujet dit *l'Etoile des Rois*, (d'après Molyn) ; le Samaritain, les Saisons, les Mois de l'année, douze Paysages, etc., par *J. Van de Velde* : quarante-sept Estampes.

290 La Sorcière, le Retour des Champs, des Vues et des Paysages, d'*Es. J. Van de Velde*, et autres : quatre-vingt-quatre Estampes.

VISSCHER. (*Corneille* et *Jean* de)

291 Le Marchand de Mort-aux-Rats, le Médecin de village, d'après Brauwer ; le coup de Pistolet, et le Four à Chaux, d'après Laer, par *Corn. de Visscher*; Haltes de Cavaliers, Vivandières, etc., d'après Wouwermans ; quatre par *J. de Visscher*, et une par *Juste Danckerts* : onze Estampes.

VIVARÈS. (*François*)

292 Vue d'Italie, d'après Piranesi ; Paysages, d'après Zuccarelli, Berghem, Cuyp et Gainsborough : quatorze Estampes.

VOLPATO. (*Giovanni*)

293* La Dispute du Saint - Sacrement, Héliodore

(*) Selon Vasari, Le Titien a dessiné ces Sujets sur le bois, et les a fait graver sous ses yeux ; *Andreani* a exécuté une Pl. d'après la seconde de ces compositions. Cet excellent morceau, de sens opposé à celui du Titien, et dont le fond est blanc, est marqué du nom du peintre et du monogramme du graveur, sur la coupe d'un fût de colonne renversé à terre et placé à la droite de l'Estampe.

chassé du Temple , Attila , l'Ecole d'Athènes ,
d'après Raffaello : quatre Estampes. †

VORSTERMAN. (*Lucas*)

294* Des Joueurs qui se battent , d'après P. Breughel :
Sujet nommé la *Bataille des Paysans.* †

VOUET. (d'après *Simon*)

295 Recueil de Sujets tirés de l'Histoire sainte et de
l'Histoire profane , Portraits, Suite de Grotesques,
par *Daret , Mich. Dorigny , Lasne , Mellan ,
Perrier , Tortebat* , et autres : cent quarante Estampes. 1 *vol in-fol. cart.* †

WATERLOO. (*Antoine*)

296 Vues , Marines et Paysages ; trente par *Waterloo,*
quarante-deux par *Weirotter* , et soixante-cinq
par *Zéeman* , ou d'après lui : cent trente-sept Estampes.

WILLE. (*Jean-Georges*)

297 Instruction paternelle , d'après Terburg ; Mort
de Cléopâtre , et petit Physicien , d'après Nets-
cher ; et le Portrait de Saint Florentin , d'après
Tocqué : quatre Estampes.

WOOLLETT. (*William*)

298 *The Battle at la Hogue* (la Bataille à la Hogue) ;
the Battle of the Boyne (la Bataille de la Boyne),
d'après West ; l'une par *Woollett,* l'autre par *Hall.*

299 *The Fishery* (la Pêche) , d'après Wright.

300 Chantiers des Ports de Chatham et de Deptford ,
d'après Paton et Mortimer, par *Canot* et *Woollett;*
et Vue prise dans le parc de Gréenwich , d'après
Tillemans , par *Wood* : trois Estampes.

301 *Roman Edificies in ruins* (Edifices romains en
ruines) , d'après Claude Le Lorrain.

WTENBROECK , dit le PETIT MOYSE,
(*Moyse.*)

302 Sujets de l'Histoire sainte, Traits de la Fable , et

Paysages, par *Wtenbroeck*, sur ses compositions, et d'après lui par *Swanenburg* et *I. Van
de Velde* : quarante-sept Estampes.

ZÉEMAN. (*Reinier* ou *Remy*)

3o3 Actions navales, Vues de Villes, de Ports de
mer et de Vaisseaux de différentes nations, par
Zéeman, ou d'après lui : quatre-vingt-seize Estampes.

Estampes gravées à l'eau-forte par différens maîtres.

ÉCOLE D'ITALIE.

3o4 L'Annonciation, par *Barocci* ; la Nativitépar *Bis-
caino* (contre-Épr.); la Vierge dite à l'*Ecuelle*,
et la Samaritaine, par *Ann. Carracci* ; des Sujets
et des Etudes par *Castiglione*, *Facini*, *Maratti*,
Meloni, *Reni*, *Ribera*, *Rosa*, *Tesla*, *Tiepolo* et
Zanetti : quarante-six Estampes.

ÉCOLE DES PAYS-BAS.

3o5 Sujets d'Histoires, Scènes de Tabagies et Etudes,
par *Béga*, *du Sart*, *Lairesse*, *Livens*, *Luyken*,
Schenau, *Schut*, *Verbéeq*, etc. : cent soixante
Estampes.

3o6 Scènes rustiques, Vues et Paysages, la plupart
avec Figures et Animaux, par *Aken*, *Beich*,
And. et *J. Both*, *Bout*, *Cabel*, *Casembrot*, *Jac.
Ph. Hackert*, *Lantensack*, *Loutherbourg*, *Meye-
ringh*, *Molyn*, *Naiwinck*, *Neve*, *Ruysdael*,
Swanevelt, *Uden* et *Waterloo* : cent vingt-six
Estampes.

ÉCOLE DE FRANCE.

3o7 Sujets d'Histoires, Paysages, etc., par *Brébiette*,
Chaperon, *Claude Le Lorrain*, *Dandré-Bardon*, *de
Troy*, *Focus*, *Fragonard*, *Gaspard Duché*, *Hutin*,
Lahire, *Le Pautre*, *L. Le Sueur*, *Montaigne*, *Mau-*

Suite des Estampes gravées à l'eau-forte.

perché, *Natoire*, **P.** et **J.** *Parrocel*, M.ʳ *Peyron*, *Pierre*, *Subleyras*, *Vien*, et autres : cent quarante-quatre Estampes.

3o8 Quarante Estampes, Eaux-fortes de Sujets et de Paysages, par des graveurs modernes.

Estampes par ou d'après différens maîtres.

ÉCOLE D'ITALIE.

3o9 La Transfiguration, d'après Raffaello, par *Thomassin* ; trente-neuf autres Morceaux, d'après le même maître, Giulio Romano, Barocci, Maratti, Buonaroti et Bérettini : quarante Estampes.

3ro Quarante - six Estampes, le plus grand nombre d'après Raffaello et Giulio Romano ; par d'anciens graveurs. †

3rr La Coupole de Parme (quinze Morceaux), par *Vanni*, d'après Correggio ; et quarante - cinq Pièces, d'après les Carracci, Reni, Albano et Zampieri : soixante Estampes.

3r2 Quatre-vingt-cinq Pièces, peintures de Primaticio, Carracci, Reni, Zampieri, etc. †

3r3 L'Annonciation, d'après Tiziano ; l'Elévation en croix, d'après Robusti ; les Noces de Cana, d'après Cagliari ; et des Morceaux, d'après des peintres vénitiens ou napolitains : trente-quatre Estampes.

3r4 Des Arabesques des Bains de Titus, vingt Pièces sur les dessins de Brenna ou de Fran Smagliewiez, par *Marco Carloni* ; et cent quatre-vingts Bustes et Trophées, d'après l'antique : deux cents Estampes. †

3r5 Un Porte-Feuille de Morceaux d'après Raffaello, Pipi, Buonaroti, Parmigianino, Correggio, etc., par *Marco-Antonio*, et autres anciens graveurs ; cent vingt Eaux-fortes de maîtres d'italie ; la Vie

Suite des Estampes par ou d'après différens maîtres.

de Saint Bruno, d'après Lanfranchi, par *Cruger* (vingt Morceaux); vingt-huit Pièces de la Galerie Farnèse ; et les Travaux d'Ulysse, d'après Primaticio, par *Van Thulden* (cinquante - huit Pièces, Titre compris) : quatre cent douze Estampes.

ÉCOLE DES PAYS-BAS.

316 Des Sujets et des Portraits, d'après Rubens, Jordaens, Van Dyck et Lairesse ; des suites d'Animaux et de Paysages, de *Cabel*, *Berghem*, *Swanevelt*, et autres : cent trente-quatre Estampes. †

317 Cent seize Estampes, d'après Teniers, Seghers, Théod. Bernard, Bloemaert, Dov. et Bréenbergh, ou par *Albert Durer*, *Baur*, *Rugendas* et *Chodowieschi*.

318 Vues et Paysages, d'après des maîtres des Pays-Bas, par des graveurs anciens et modernes : cent Estampes.

319 Un Porte-Feuille de pièces, d'après Rubens, Jordaens, Van Dyck, Teniers, Seghers, Champagne, Bloemaert, Kobell, Poelenburgh, Rembrandt, Berghem, Van de Velde, Ostade et Wagner : trois cent quarante Estampes.

ÉCOLE D'ANGLETERRE.

320 Sujets et Portraits en manière noire, d'après Reynols ; la Sainte-Vierge, l'Enfant Jésus et des Anges, d'après Ramsey, par *Sherwin* ; le Combat de la Hogue, par *Voysard*, d'après West : vingt-une Estampes.

321 Batailles et Actions navales ; Vues de Ports, etc., par des graveurs modernes : quatre-vingt-douze Estampes.

ÉCOLE DE FRANCE.

322 Cent Pièces ; plusieurs d'après le Vouet ; les autres, de *Mellan*, *Huret*, *Loir* et *Chauveau*.

Suite des Estampes par ou d'après différens maîtres.

323 Trente-quatre Estampes ; quelques-unes par *Callot* ; plusieurs des autres d'après Le Poussin.

324* Les Supplices, par *Callot* ; et huit Morceaux, de *Cochin, Macret* et *Schuppen :* neuf Estampes. †

325 Soixante - cinq Estampes , d'après Le Bourdon, Le Sueur , Le Brun , et autres. †

326 Vingt - six Paysages , la plupart d'après Claude Le Lorrain , Patel et Perelle.

327 Quarante - six Estampes, d'après des peintures d'Ant. Coypel, dans la galerie du Palais-Royal.

328 Cent trente Estampes ; quelques-unes par *Gillot* ; les autres d'après lui , Watteau , Pater et Lancret.

329 Soixante-huit Sujets et Etudes, d'après Lemoine, Bouchardon , Boucher, et autres.

330 Sujets d'Histoire sainte et d'Histoire profane , d'après Natoire , Vanloo, Pierre et Vien : trente-six Estampes.

331 Soixante-six Estampes , d'après des maîtres modernes , ou en manière de crayon.

332 Un Porte-Feuille contenant des Morceaux d'après Le Poussin , Le Sueur, Le Brun , Jouvenet , Vernet et Le Prince ; autres de *Brébiette* , *Le Bourdon* et *Le Clerc* ; figures d'après Verdier (suite de dix-neuf pièces) ; Bâtimens de mer , par *Passebon* (dix-neuf Feuilles , Titre et Dédicace comprise) : quatre cent trente-sept Estampes.

333 Soixante-deux Estampes , d'après des Tableaux des galeries de Dresde et du Palais - Royal , et des cabinets d'Aguilles, de Choiseul , de Choiseul Praslin , de Crozat et de M. Le Brun.

334 Vingt-sept Estampes , d'après des Tableaux de différentes galeries et cabinets , par des graveurs modernes.

VUES.

ANGLETERRE.

335 Vues des Ports de Berwick, Liverpoole, Plymouth, Portsmouth, Scarborough et Yarmouth, d'après Milton, par *Santach ;* — de la rivière de la Tamise (six pièces); — du pont de Limehouse-Bridge ; — de Caernarvon et du château de Conway : les trois dernières par *Boydell ;* et dix-sept Morceaux, par M. *Alex. Tardieu*, d'après les Estampes du Voyage du capitaine Vancouver, à l'Océan pacifique et autour du monde : trente-deux Estampes.

ESPAGNE.

336 Vues d'Aranjuez (sept pièces), par *Ballester*, *Barzelon*, *Carmona*, *Fabregat*, *Gil. Muntaner* et *Selma ;* — de Gibraltar (quatre pièces), d'après Mace, par *Toms ;* — de l'île de Minorque, et de divers autres lieux d'Espagne : vingt-six Estampes.

FRANCE.

337 Vues de Bordeaux, par *Choffard ;* — de Boulogne, par MM. *Baugean* et *Schroeder ;* — du Havre (quatre pièces), par *Bacheley*, *Martinet* et *Milcent ;* — de la Rochelle (trois pièces), d'après Garreau, par *Le Bas ;* — de Paris (huit pièces), par M. *Berthault*, *Hemery*, *Masquelier* et autres ; — d'Orléans, d'après Desfriches, par *Choffard ;* — de Rouen (trois pièces), par *Bacheley*, etc. : vingt-quatre Estampes.

338 Vues de Monumens de Paris ; autres de lieux célèbres : vingt - huit Estampes, la plupart du Voyage pittoresque de la France, par *Masquelier* et M. *Née.*

ITALIE.

339 *Veduta di Chiaia; Veduta di Ponte Nuovo*, trois
pièces, d'après Ricciardelli, par *Cardon ;* — Vue
de Messine, d'après M.ʳ Houel ; — de Naples
(deux pièces), par *Aloja ;* — de Turin ; — de
Venise : cette dernière, en huit feuilles, avec dédicace du chevalier Lodov. Ughi ; Vues et Plans
des golfes de Baia, de Naples, etc. : dix - neuf
Morceaux.

PORTUGAL.

340 *Collecao de Algunas Ruinas de Lisboa*.... ou
Recueil des plus belles Ruines de Lisbonne, par
Le Bas (dix-sept pièces, Titre compris); diver-
ses autres Vues et Cartes du Portugal : quatorze
Morceaux.

TURQUIE.

341 Vue de la Ville de Constantinople (Morceau en
trois feuilles) ; — des deux faubourgs de Constantinople (Morceaux de deux feuilles chaque), d'a-
près Ph.-Franc. baron de Gudenus, par *Duret :*
trois très-grandes Estampes.

ISLES, etc.

342 Vues de l'Isle de Corse (9 pièces), d'après d'Au-
bigny ; — de Saint-Domingue (quatorze pièces),
d'après feu MM. Ozanne et Pérignon, gravées sous
la direction de M.ʳ *Ponce ;* — de Jersey, Guerne-
sey, Alderney, etc. (huit pièces), d'après Bas-
tide, par *Toms ;* — de la Martinique (trois pièces),
gravées sous la direction de M. *Née ;* — de la ville
et du port de Syra, dans l'Archipel, d'après M. Moreau, par *Deneully ;* — de Philadelphie ; — de
Quebec, dans le Canada : cette dernière, par
Wells, etc. : trente-six Feuilles.

343 Vues, Profils et Plans de Villes et Ports de l'Europe et des Colonies : quarante-huit Feuilles.

344 Cent Estampes : Pièces historiques, Allégories,
Monumens et Statues.

VIGNETTES.

345 Des Figures de la suite des Contes de *La Fon-
tainc*, d'après Eisen ; de la Henriade et de la Pu-
celle, d'après M. Moreau, etc. : cent vingt Estampes. †

346 Des Figures du poëme de l'Agriculture, par *Ros-
set*, d'après Saint-Quentin ; et des Vignettes, par
Choffard : cent vingt Estampes.

347 Deux cent vingt Epr. d'eaux-fortes et de finis de
diverses Vignettes. †

348 Différens Morceaux du tableau général de l'Empire Othoman, par *Mouradja d'Ohsson :* cinquante-
huit Estampes. †

349 Quatre-vingts Estampes des Voyages de Naples
et Sicile, et de France.

35o Figures de Quadrupèdes, Plantes et Fleurs ; plusieurs des premières pour le Buffon : deux cent
trente-huit Estampes. †

35ı Des Figures des Métamorphoses d'*Ovide*, par *Basan* et *Lemire ;* trente-neuf Morceaux pour l'Histoire de France d'Hénaut ; trente Sujets et Pierres
gravées, d'après Eliz. Chéron ; Médailles du règne
de Louis XV , par *Godonnesche ;* cinquante-six
Estampes des Pièces de la suite des Contes de *La
Fontaine* , des Œuvres de l'*Arioste* , *Racine* et
J.-J. Rousseau ; des Sujets historiques , et divers
cahiers.

PORTRAITS.

352 Descartes , d'après Hals , par *Suyderhoëf ;* et
vingt-quatre Portraits , par *Blooteling* , *Goltzius,
Houbraken* , *Matham* , *Muller* , *J.* et *Lamb. Visscher :* vingt-cinq Estampes.

353 Vincent , Marquis, Giustiniani , par *Mellan* ; et dix-sept Portraits , par les *Audran* , *Lombart* , *Nanteuil* , *Schuppen* et *Vermeulen* : dix - huit Estampes.

354 Vingt-huit Portraits , par *Edelinck* , *Ficquet* , *Nanteuil* , *Schmidt de Berlin* , *Roullet* , M.ʳ *Ingouf*, et autres. †

355 Louis XV et Louis XVI , par *Lemire* ; vingt-six autres Portraits , par le même graveur, *Delaunay* , *Gaucher* , *de Marcenay* et *Saint-Aubin* : vingt-huit Estampes.

356 Bonaparte , d'après Appiani , par *Bartolozzi* ; Alexandre I.ᵉʳ , d'après M. Desnoyers , par M. *Bourgeois de la Richardière* ; dix-huit autres Portraits , par *Cathelin* , *N. de Poilly* et *Soubeyran* : vingt Estampes.

357 Cinquante Portraits, la plupart d'Hommes illustres dans la marine.

358 Quatre-vingts Portraits : Peintres , Sculpteurs , Architectes , Graveurs , et autres Artistes.

359 Un Porte-Feuille contenant deux cent soixante-dix Epr. de divers Portraits.

360 Trois Porte-feuilles , et une Boîte en carton , contenant diverses Estampes.

RECUEILS D'ESTAMPES.

361 Recueil de Pièces , la plupart d'après Raffaello , Mazzuoli , Reni et Tiziano , par *Andreani* , *Ant. Robert* et *Nic. Le Sueur* ; et des Morceaux d'*Albert Durer* , *Cranach* et *Binck* : deux cent soixante Estampes gravées sur bois ; plusieurs sont imprimées en clair-obscur. 1 *vol. in-fol. max. cart.*

362 Quatre Suites , d'après des peintures de Raffaello au Vatican ; Sujets de l'Histoire sainte, cinquante-deux Pièces, par *Chaperon* ; les Vertus , treize

Pièces, par *Gir. Audran;* Ornemens d'Embra-
sures de Fenêtres, six Pièces, par *Baudet;* Arabesques et Stucs, quatorze Pièces, par *Choffard*
et sous sa direction; *plus*, des Génies supportant
les armes des Dieux, quatorze Pièces, par *Gir.
Audran*, d'après des peintures de Raffaello à la
galerie Farnèse : quatre-vingt-dix-neuf Estampes.

363 *Disegno della Loggia di S. Pietro in Vaticano...*,
ou Dessin de la Loge de l'église de Saint-Pierre
de Rome au Vatican, d'après Lanfranchi, par
Bartoli : dix-huit Pièces (compris Titre et Dédicace). — *Batavorum cum Romanis Bellum....*,
ou Guerre des Romains contre les Bataves, d'a-
près Ottovenius, par *Tempesta :* dix-huit Pièces.
Anvers, 1612, *in-4. obl. cart.*

364 Recueil d'Estampes, d'après Raffaello, Buonaroti, Carracci, Tiziano, Le Voüet, Le Poussin, et autres : quarante-huit Pièces. 1 *vol. in-fol.
rel.* †

365 Recueil de Sujets de la Passion et autres, d'a-
près Baur, par *Kusell :* quarante-sept Estampes.
1 *vol. in-fol. obl. rel.* †

366 Le Triomphe de la Mort, et les Triomphes de
la Richesse et de la Pauvreté, d'après Holbein :
quatorze Planches *petit in-fol.*, formant la première partie de l'œuvre de ce maître, publié à
Basle, par Mechel, en 1780.

367 Recueil de trois cent vingt Pièces : Sujets, Pay-
sages et Animaux, par *Berghem*, *Du Jardin*,
Flamen, *Fyt*, *Kobell*, *Larue*, *Muller*, *Roos*,
Stoop, ou d'après Vander Meulen, Parrocel,
Potter, etc. 1 *vol. petit in-fol. parch. vert.*

368 Recueil de quatre cent cinquante Pièces : Sujets,
Paysages et Etudes; plusieurs par *Aken*, *Alme-
loveen*, *Both*, *Flamen*, *Hackert*, *Heimlich*,
La Bella, *Mauperché*, *Pérignon*, *Rogman* et
Van Uden. 1 *vol. petit in-fol. parch. vert.*

369 Recueil de Sujets, Antiquités, Vues et Pay-

sages , par *Barata, Bechon , Govt, Perelle,
Swanevelt, J. Van de Velde, Waterloo*, et d'a-
près Bloemaërt, Hans Bol, Nieulandt, Poelenburgh, Utenbroeck et Wieringen : trois cent
trente-deux Estampes. 1 *vol. in-4. obl. parch. vert.*

370 Recueil d'Eaux-fortes, de *Camassei, Cantarini,
Reni, Quellinus, Le Bourdon, Le Sueur*, et
autres : soixante-douze Pièces. — *Capricci di
varie Figure di Iacopo Callot.* — Les Indes orien-
tales, par *de Hooge.* 4 *vol. de différens formats.*

371 Recueil de Sujets de tous genres , gravés sur bois
ou sur cuivre. 16 *vol. de différens formats; six sont
reliés.*

372 Sujets, Emblêmes et Paysages. 4 *vol.; un est obl.* †

Galeries , Cabinets, etc.

373 *Galeria dipinta nel palazzo del principe Pan-
filio....* , ou Galerie peinte à Rome dans le palais
du prince Pamphile, par P. Berettini de Cortone;
elle représente des Sujets de l'histoire d'Enée ;
seize Pièces à l'eau-forte , par *Cesio. In-fol. obl.
en feuilles.*

374 La même Galerie Pamphile , en seize pièces
gravées par *Gir. Audran. In-fol. en feuilles.*

375 *Eques Pet. Berettinus Cortonensis pinxit Flo-
rentiæ in Ædibus Sern. Magni Ducis Hetruriæ
in camerâ Martis....* , ou Peintures du chevalier
P. Berettini de Cortone dans la chambre de Mars
au palais du Grand-Duc à Florence ; neuf Pièces,
par *Blondeau* , et autres. Suite en feuilles.

   Cupola della Chiesa di S.ta Agnese...., ou Coupole de l'Eglise de Sainte-Agnès à Rome, peinte
par Ciro Ferri ; huit Pièces , par *Dorigny.* Suite
en feuilles.

376 *Galeria nel Palazzo Farnese....*, ou Galerie du
Palais Farnèse à Rome , peinte par Ann. Carracci , et gravée par *C. Cesio :* quarante Mor-

ceaux sous trente numéros (compris Titre et Dédicace). 1 *vol. in-fol. rel.*

377 *Hæc Annibal Carrachius jnvenit et Bononiœ in aulâ Palatij Magnanœj depinxit....*, ou Peintures des Carrache au Palais Magnani à Bologne ; quatorze Pièces, d'après les dessins de Tortebat, par *J. Le Pautre* et *J. Boulanger*, 1659.

Imagines Farnesiani Cvbicvli...., ou Peintures de la Chambre du Palais Farnèse ; treize Pièces, par *P. Aquila.*

Sept Morceaux, d'après des tableaux du palais Farnèse : Pièces gravées par *N. Mignard.*

378 *Errores Vlyssis.....*, ou les Travaux d'Ulysse, d'après le Primatice, par *Van Thulden. Paris, Tavernier*, 1634, *in-fol. obl. rel.*

379 La Galerie du Palais du Luxembourg, peinte par Rubens, dessinée par les Nattier, et gravée par les plus illustres graveurs du temps. *Paris, Duchange*, 1710. A la suite, vingt - quatre Estampes, Sujets et Paysages, d'après Rubens et Van Dyck. 1 *vol. gr. in-fol. rel. en v.*

380 La grande Galerie de Versailles et les deux Salons qui l'accompagnent, peints par Ch. Le Brun, dessinés par Massé, et gravés sous ses yeux par les meilleurs maîtres du temps. *Paris, de l'Imprim. Royale*, 1752, *gr. in-fol. v. m.* Cinquante - cinq Planches sous cinquante-deux numéros, précédées d'un titre, d'un avertissement en deux pages, d'une description en dix-huit pages, et du portrait de J.-B. Massé, d'après Tocqué, par *Wille.*

381 Grand Escalier du château de Versailles, dit *l'Escalier des Ambassadeurs*, ordonné et peint par Ch. Le Brun. *Paris, Surugue, in-fol. cart.* (Vingt-quatre Planches et neuf pages, titre et description).

382 La petite Galerie du Louvre, du dessin de Le Brun, dessinée et gravée par *Saint-André.* 1695, *Paris*, 2 *vol. in-fol. cart.*

383 Les Peintures de Ch. Le Brun et d'Eust. Le Sueur, qui sont dans l'hôtel du Châtelet, ci-devant la maison du président Lambert; dessinées par B. Picart. *Paris, Duchange,* 1740, *in-fol. cart. dos en bas.*

384 Le Cabinet des Beaux-Arts, ou Recueil d'Estampes gravées d'apres des Tableaux d'un plafond où les Beaux-Arts sont représentés. 1690, *à Paris, Gér. Edelinck, petit in-fol. obl. rel.*

385 Recueil de Dessins, gravés d'après les fameux maîtres, tirés de la Collection de l'Académie électorale palatine des Beaux-Arts à Dusseldorf; première et deuxième Suites, contenant chacune cinquante Dessins. 1780—81, *in-fol. cart. dos en bas.*

386 Cent quatre-vingt-six Estampes du Recueil de deux cent quatre-vingt-trois Estampes, gravées à l'eau-forte par les *Corneille, Massé, Pene* et *Rousseau,* d'après les Dessins de grands maîtres, que possédait autrefois M. Jabach, et qui depuis ont passé au cabinet du Roi. *Paris, Joullain,* 1754, *2 vol. in-fol. obl. cart.* †

LIVRES D'ESTAMPES.

Théologie, Emblêmes, Fables, etc.

387 *Liber Genesis* (Livre de la Génèse). *Arnheim,* 1616, *in-8. parch. fig. de Crispin de Pas.*—Figures de la Passion de Notre-Seigneur, par *Séb. Le Clerc,* trente-cinq Pièces; et Figures de la Messe, les deux suites contenues dans 1 *petit vol. in-8. obl. broch.; — Lux Claustri....,* la Lumière du Cloître. *Paris,* 1646, *in-4. parch. fig. de Callot.*

388 *Historiarum veteris Testamenti Icones. Lvgdvni,* 1539. — *Icones historicæ....,* ou Figures historiques du Vieux et du Nouveau-Testament, avec

explication. *Genève*, 1580. — Figures de la Passion, par *Altdorfer;* et Figures de la Mort, par *Holbein.* En tout 3 *vol. fig. gravées sur bois.*

389 *Thesaurus sacrarum Historiarum veteris Testamenti....*, ou Recueil de Sujets tirés du Vieux-Testament, gravé par des maîtres des Pays-Bas, et publié par *Gér. de Jode*, en 1585. *In-fol. obl. parch.* — *Ova Paschalia*, de *Gér. Stengel. Ingolstadt*, 1672, 2 *vol. in-*12, *rel. fig.* — *Amoris divini et humani....* *Anvers*, 1526, *in-*18, *parch. fig.* 5 *vol.*

390 *Mosaïze Historie....*, ou Histoire de l'Eglise des Hébreux, par Moyse; figures dessinées et gravées par *I. Luyken. Petit in-fol.* contenant cent quarante-trois Estampes.

391 *Iconographia Magni Patris Avrelii Augustini.....*, ou Vie de saint Augustin, 27 Pièces, par *S. à Bolswert;* — Vie de sainte Catherine de Sienne, douze Pièces, d'après Vannius, par *de Jode*, 1597; — *Amorum Emblemata,* (Emblêmes de l'Amour). *Anvers*, 1619, *fig.* d'après Ottovenius, 3 *vol. obl.;* un *est relié.*

392 Discours de la Religion des anciens Romains, et de la Castramétation et Discipline d'iceux, etc., par *Guil. de Choul. Lyon*, 1567, 2 *tom. en* 1 *vol. in-*4. *rel. fig. sur bois.*

393 Iconologie, ou science des Emblêmes, tirée des recherches et figures de Cés. Ripa. *Paris*, 1644. — La France métallique. *Paris*, 1636 : ces deux ouvrages *in-fol., avec fig.* de *Jac. de Bie.*

394 *Achillis Bocchii symbolicarum Quœstionum de universo genere, quas serio ludebat lib. V. Bologne,* 1574, *fig. de Bonasoni,* d'après *Raffaello, Parmigianino,* et autres; — *Symbolorum et Emblematum ex re herbariâ desumptorum centuria una collecta Ioach. Camerario. Francfort,* 1661, *fig :* ces deux ouvrages *in-*4. *rel.*

395 Métamorphoses d'Ovide en rondeau, par *de Ben*

serade. *Paris*, *de l'Imprimerie Royale*, 1676, *grand in-4. rel. fig. de Chauveau.*

396 Les Fables d'Esope, avec réflexions, par *de Lestrange. Amsterdam*, 1714, *in-4. fig. de Franç. Barlow et Tho. Dudley.* †

397 Figures des Fables de La Fontaine, d'après les dessins de M. Vivier (276 Pl., Frontispice compris), par *Simon* et M. *Coiny*, prem. Epr., pap. ord.; en tête de cette suite, le Portrait de la Fontaine, par *Ficquet* : on a joint à ces figures, un Exemplaire des Fables de La Fontaine imprimées par ordre du roi, pour l'éducation du dauphin. *Paris, Didot l'aîné,* 1789, 2 *vol. in-8. pap. vél. cart.*

398 Traité général des Pêches, et Histoire des Poissons qu'elles fournissent, par *Duhamel-du-Monceau*; treize Cahiers formant les trois premiers vol. de cet ouvrage, et le commencement du quatrième. *Paris*, 1769 — 82, *in-fol. br. fig.*

Architecture en général.

399 Architecture, de *Palladio. Paris*, 1764, *rel. fig.* — les cinq Ordres d'Architecture de *Vincent Scamozzi. Paris*, 1685, *fig.* — *Plus*, Elémens de Géométrie, par *Clairaut. Paris*, 1775; — Figures de la Géométrie de *Séb. Le Clerc*, et la Perspective *d'Ozanam. Paris*, 1779, 5 *vol.*, 4 *in-8. et* 1 *in-fol.*

400 Architecture de *Joh. - Bern. Fischers. Leipsig*, 1725, *in-fol. obl. parch. fig.* Ouvrage divisé en deux Livres.

401 Les dix Livres d'Architecture, de *Vitruve. Paris*, 1673; celui *d'Alex. Francine. Paris*, 1640; — et Ordonnance des cinq Espèces de Colonnes, par *Perrault. Paris*, 1683: *en tout* 3 *vol. in-fol. rel. fig.*

402 Cours d'Architecture, de *d'Aviler. Paris*, 1750, *in-4. rel. fig.*

403 Manière universelle pour pratiquer la Perspective, par *Desargues* et *Bosse. Paris*, 1648; — et Traité de Perspective, de *Bern. Lamy*, *Paris*, 1701 : ces ouvrages *in-12, rel. fig.*

404 Traité des Manières de dessiner les ordres de l'Architecture antique , par *Bosse. Paris* , 1664 ; la Perspective, avec la raison des ombres et miroirs, par *Sal. de Cauls. Londres* , 1612 ; — *Perspectiva Pictorum et Architectorum* , *And. Putei. Romæ* , 1764 : *en tout* 3 *vol. in-fol. rel. fig.* †

405 Œuvres d'Architecture de *Peyre. Paris* , 1765 ; — de *Contant d'Ivry* (73 Estampes , le Portrait de l'auteur compris). *Paris* , 1769 ; — Projets et Manière de bâtir dans les pays chauds , par *d'Albaret. Paris* , 1776 ; — et Recueil de Projets , par *Desprez* : *en tout* 4 *vol. in-fol. cart. fig.*

Architecture en particulier, et Descriptions de divers ouvrages d'Architecture.

406 Les Edifices antiques de Rome , par *Desgodetz. Paris* , 1779 , 1 *vol. in-fol. parch. vert fig.*

407 Les plus beaux Edifices de Rome moderne , par *Jean Barbault* , peintre. *Rome* , 1763 , *in-fol. v. fil. fig.*

408 Détails des plus intéressantes Parties d'Architecture de la Basilique de Saint-Pierre de Rome , par *Dumont. Paris* , 1763 , *in-fol. cart. fig.*

409 Fontaines de Rome et autres , trois Suites , par *Falda* et *Venturini* ; soixante-six Pièces (Titre compris) ; et des Vues de Villes : le tout dans 1 *vol. in-fol. obl. rel.* †

410 Labyrinthe de Versailles. *Paris , de l'Imprimerie Royale* , 1679 , *in-8. rel. fig. de Séb. Le Clerc.*

411 Monumens érigés en France à la gloire de Louis XV , par *Patte*; — Description de la Place de Louis XV, à Reims, par *Le Gendre* : ces deux ouvrages imprimés à Paris , en 1765. 2 *vol. in-fol. fig.* , *l'un relié* , *l'autre cartonné.*

412 Description de la Place de Louis XV , à Reims, par *Le Gendre. Paris* , 1765 ; — Salle de Spectacle de Bordeaux , par *Louis. Paris* , 1782 ;

ces deux ouvrages reliés en 1 *vol. in-fol.* par *Derome*. †

413 Salle de Spectacle de Bordeaux, par *Louis. Paris*, 1782 ; — Théâtre de Metz, en 1751 , par *Roland de Virloys* ; — Les Invalides , en cent trois Pl. ; — Maisons de Paris, et autres Monumens, par *Chevotet* ; — Projets d'Architecture, par *Duval*, etc. : *en tout 5 vol. gr. ou pet. in-fol. ; un est obl.*

414 Monument élevé à la gloire de Pierre-le-Grand , ou Relation des travaux et des moyens employés pour le transport du rocher qui sert de base à la statue de cet empereur, par *Marin Carburi. Paris*, 1777 , *in-fol. cart. fig.*

415 Livre de divers Ornemens , par *J. Cotelle* ; — Recueil de Décorations d'appartem., par *Le Pautre.* 2 *vol. pet. in-fol. ;* et suite d'Arabesques , *in-4. rel.*

Dessins.

416 *Della Nobiltà del Disegno* (de la Noblesse du Dessin), trente-une Planches , d'après Franco , par *Iac. Palma* , etc. , ouvrage divisé en deux Livres ; — Têtes et autres Etudes, d'après les peintures de Raffaello et les bas-reliefs de la colonne Trajane : quarante-six Piéces ; — *plus ,* trente-un Cahiers. †

417 Théorie de la Figure humaine , traduite du latin de P. P. Rubens. *Paris ,* 1773 , *fig. en quarante-quatre Planches ,* par *Aveline ;* — Institutions Anatomiques , de *Bartholin. Paris ,* 1647 ; — Livre de Portraiture , d'après l'Espagnolet : ces trois ouvrages form. *in-*4. (le dernier est incomplet) ; *plus ,* la Perspective aérienne, par *Saint-Morien. Paris ,* 1788 , *in-*12 *rel.*

418 Expression des Passions de l'Ame, d'après Le Brun, par *J. Audran. Paris ,* 1727 , *in-fol. cart.* †

Géographie.

419 Nouveau Théâtre d'Italie , par *Blaeu. Amsterdam ,* 1704, 4 *vol. in-fol. fig.* — Théâtre des Etats

de Savoye. *La Haye*, 1700, 2 *vol. in-fol. fig.* : ces deux ouvrages reliés en 4 *vol.* Plus, *Partis primæ Sectio....*, ou Section seconde de la première partie, représentant les Villes et les Merveilles du royaume de Naples et Sicile, par *Blaeu. Amsterdam, in-fol. fig.* : en tout 5 *vol. v. f.* et *v. br.*

420 *Suecia antiqva et hodierna* (Suède antique et moderne) ; suite de 353 Estampes divisées en 3 *vol. pet. in-fol. cart. à dos en bas.*

421 Plans et Profils des principales Villes de France, de Catalogne, de Flandre, etc. 4 *vol. in-*4. ; 3 *sont reliés.*

422 Feuilles de la France, contenant la Lisière maritime ; le cours de la Seine de Paris au Havre, et le Canal de Languedoc ; — Recueil de Cartes de la mer Méditerranée, de l'Océan méridional et de l'Océan oriental ; Recueil de Cartes anglaises ; ces trois vol. *in-fol.*, les deux premiers de très-grand format.

423 Le Neptune français, ou Recueil de Cartes marines, levées et gravées par ordre du roi, ouvrage publié par Péne. *Paris, de l'Imprimerie Royale,* 1693, *gr. in-fol. cart.*, premier vol. contenant 29 Cartes.

424 Description des trois Formes du Port de Brest, et Description du Bagne du même Port, par *Choquet. Brest,* 1757 — 59, *in-fol. rel. fig.*

425 Le Neptune oriental, par d'*Aprés de Mannevillette. Paris,* 1745, *in-fol. parch. vert.*

426 Pilote américain septentrional, traduit de l'anglais. *Paris, Le Rouge,* 1778—79, 2 *vol. in-fol. cart.* (Ouvrage divisé en deux parties.)

427 Le Pilote de l'isle de Saint - Domingue, par de *Chastenet-Puységur. Paris, de l'Imprimerie Royale,* 1787, 1 *vol. in-*4., *et atlas in-fol. br.*

428 Batailles, Vues, Plans et Profils de Villes et de Forteresses, Cartes de Ports, etc. ; sept Porte-Feuilles *in-fol. max.* (dans ce nombre, partie des planch. pour le Beaulieu).

Voyages.

429 Voyage dans la Basse et la Haute-Égypte , par
M. *Denon. Paris , Didot l'aîné* , 1802 , 2 *vol.*, *l'un
in-4.* (*le texte*) , *l'autre gr. in-fol. atlant.* (*les fig.*)
Le second volume , en cent quarante feuilles , présente
la suite des figures de l'ouvrage , dessinées et gravées par
M.ʳ *Denon*, ou d'après lui par MM. *Baïlard , Duplessi-
Bertaux , Berthault , Berton , Choffard , Coiny , Croutelle ,
Dufresne , Duparc , Fortier , Fosseyeux , Gallien , Garreau ,
Gounod , Le Gouaz , Le Grand , Malbeste , Masquelier ,
Paris , Petit , Pillement , Prévost* et *Reville ;* les Cartes par
Perrier. Exempl. cart.

430 Voyage pittoresque de la Grèce , par M.ʳ *Choi-
seul- Gouffier. Paris* , 1782 , 12 *liv. in-fol. B.* ,
formant le premier vol. ; fig. par d'habiles graveurs ; Exemplaire de souscription.

431 Voyage pittoresque, ou Description des Royaumes
de Naples et de Sicile , par *Saint-Non. Paris* ,
1781 — 86, 4 *tom., le* 4.ᵉ *en* 2 *parties , in-fol. fig.
au nombre de* 460 , par les plus habiles artistes.
2 *vol. et* 42 *liv. br.*, formant la totalité de l'ouvrage. Exempl. de souscription. Prem. Epr. où
les Planches n.ᵒˢ 87 et 88 du tome III sont mar-
quées 15 et 24ᵇⁱˢ.
Nota. Il manque les phallums et les doubles médailles.

432 Voyage pittoresque des Isles de Sicile, de Malte
et de Lipari , par M. *Houel. Paris , de l'Imprimerie de Monsieur* , 1782 — 87 , 4 *vol. in-fol. fig.
au nombre de* 280 , 44 *livr. br.*, formant la totalité de l'ouvrage. Exempl. de Souscription.

433 Voyage pittoresque et historique de l'Istrie
et de la Dalmatie , par M.ʳ *Jos. La Vallée.
Paris* , 1802 , *in-fol. cart. fig.* d'après les dessins de M.ʳ Cassas, par M.ʳ *Née* , et sous sa direction.

434 Voyage pittoresque et historique de l'Espagne ,
par M.ʳ *Alex. de La Borde* , etc. *Paris* , 1806 ,
17 *prem. livr. in-fol. max. broch., fig.* exécutées

d'après des dessins de MM. de La Borde, Dutailly, Ligier, Molinier, Percier, et autres, par d'habiles graveurs

435 Tableaux topographiques et pittoresques de la Suisse, par *Zurlauben. Paris*, 1780, *les 2 prem. vol. (l'un de texte, l'autre d'estampes) in-fol. cart.*

436 Voyage pittoresque sur le Rhin, traduit de l'allemand du professeur Vogt, par l'abbé *Libert. Francfort-sur-le-Mein*, 1804, *3 cahiers in - 8. pap. vél. fig.* d'après Schüz, et autres.

437 Tableau général de l'Empire othoman, par *Mouradja d'Ohsson. Paris de l'Imprimerie de Monsieur*, 1787 — 90, *2 vol. in-fol. cart. fig.* par d'habiles graveurs modernes.

438 Voyage pittoresque de Constantinople et des rives du Bosphore, d'après les Dessins de M.ʳ Melling, gravé par M.ʳ *Née* et sous sa direction. 6 *premières livraisons, format atlantique, pap. vélin.*

Les vingt-quatre Planches de ces livraisons, dont la plupart des eaux-fortes sont de MM. *Duplessi Bertaux, Coiny, Desaulx, Desmaisons, Le Gouaz*, M.ᴵˡᵉ *Levé, Marillier, Pillement* fils, et *Schroeder*, ont été terminées par M.ˣˢ *Dequevauviller, Duparc, Le Rouge, Née, Pillement* fils, et *Schroeder.*

Vues de Villes, et autres.

439 Recueil de Vues et Fabriques pittoresques d'Italie, dessinées d'après nature, par M.ʳ Bourgeois, et gravées par cet artiste, et d'après lui par MM. *Amelot, Beaugeau, Cardano, Chancourtois, Desaulx, de Villiers* jeune, *Fortier, L. Guyot, A.-C. Guyot, Lameau, Legrand, Misback, Niquet* jeune, *Perdoux, Waxelberg*, Mesdames *Coiny, Demonchy* et *Massard. Paris*, 1804, 16 *liv. in-fol. broch.* Epr. en bistre.

440 *Prospetto di Alma Città di Roma....*, ou Vue de la grande et belle Ville de Rome, prise du mont Janicule, dessinée et gravée sous les auspices de

Charles III, roi d'Espagne, par *Gius. Vasi*, en 1765.

441 *Scelta di XXIV Vedute....*, ou Choix de vingt-quatre Vues des principaux Lieux, Places, Eglises et Palais de la Ville de Florence, dédié à la Grande-Duchesse de Toscane : les Estampes gravées d'après les Dessins de Zocchi. 1 *vol. gr. in-fol. obl. cart.;* vingt-sept Pièces, Titre, Dédicace et Carte comprise.

442 *Prospectus magni Canalis Venetiarum....*, ou Vues du Canal et de la Ville de Venise, peintes par *Canal*, et dessinées et gravées par *Ant. Visentini. Venise,* 1742, *in-fol. obl. en feuilles.* Cet ouvrage, divisé en trois parties, est composé de quarante-quatre Estampes, compris deux Planches, l'une Frontispice, l'autre Portraits de Canal et de Visentini; *plus,* une Table imprimée.

443 *Magnificentiores Selectioresque Urbis Venetiarum....*, ou Suite de Vues de Venise, par *Marieschi. Venise,* 1741, *in-fol. cart. :* vingt-deux Pièces, Titre compris.

444 Vues de Venise, dessinées et gravées par *Ant. Visentini*, d'après Canal, quatre Pièces; — Cérémonies qui s'observent à l'Election du Doge de Venise, et à son Mariage avec la Mer, douze Pièces d'après les Tableaux de Canal, par *Brustolon.* 1 *vol. in-fol. cart.*

445 Recueil de Vues et Cartes de Hollande. 1 *vol. in-fol. cart. :* soixante-onze Estampes.

446 Recueil des Edifices les plus considérables, et des plus belles Vues d'Amsterdam, dessinés d'après nature : quatre-vingt-trois Estampes, d'après des Dessins de différens Artistes hollandais. *In-fol. cart.* Suite publiée par Fouquet.

447 Vues de Saint-Pétersbourg, *gr. in-fol. obl. cart. :* quinze Estampes; quatre sont pliées en deux.

448 *A Description of the East....*, ou Description de l'Orient et de quelques autres pays. *Londres,* 1743—45, 2 *vol. in-fol. rel. fig.,* sous 264 n.ᵒˢ.

Le premier vol. contient des Observations sur l'Egypte, le second sur la Palestine, la Terre-Sainte, la Mésopotamie, Chypre et Candie.

449 *Select Wiews....*, ou Collection de quarante-quatre Vues choisies dans la Grande-Bretagne, gravées par *Middiman*, et autres, d'après des Dessins de différens Artistes : chacune de ces Estampes est accompagnée d'une Description. 11 *n.*^{os} *publiés de 1784 à 89, in-4. obl. brochés.*

450 *Views of Cities and Towns....*, ou Vues de Cités et de Villes en Angleterre et au pays de Galles : Carlisle, Rochester, Bridgenorth et Windsor, gravées par *Byrne, Medland* et *Schuman*, n.ºs 1 et 2 ; deux cahiers publiés en 1790—91 ; —Vues des Lacs dans le Cumberland, etc., d'après les Dessins de J. Smith, un cahier n.ºs 4 et 5 : en tout 3 cahiers *in-fol. obl. brochés.*

451 *The Seats of the Nobility and Gentry....*, ou Collection des Vues les plus intéressantes des Châteaux de la Noblesse, gravées par *W. Wats*, d'après les Dessins de plusieurs Artistes; quatre-vingt-quatre Estampes accompagnées chacune d'une Feuille de Description. 21 *n.*^{os} *in-4. obl. brochés, publiés de 1779 à 86.*

452 Collection de Vues et Modes d'Habits en général, et de celles des Turcs en particulier, par *Thelot*, et autres. *In-fol. v.f. fil. et tr. d. fig. enluminées.*

453 *Scenographia Americana....*, ou Recueil de Vues de l'Amérique septentrionale et des Indes occidentales, gravées d'après des Dessins pris sur les lieux, par différens Officiers des Troupes et de la Marine anglaise. *Londres,* 1768, *in-fol. obl. cart. fig. au nombre de 28.*

Histoire.

454 Campagnes de Guerre des Alliés, contre les armées de France et d'Espagne, pendant les années 1701 à 1711, cinquante-quatre Estampes (Titre

compris) d'après les Dessins de Decker. 1 *vol. in-fol.*

455 Recueil de Combats et d'Expéditions maritimes, d'après les Dessins de feu Mr Nic.-Mar. Ozanne, par Mr *Dequevauviller.* 4 *livraisons gr. in-fol.* brochés.

456 Recueil des Combats de Duguay-Trouin, gravés d'après les Dessins de Mr Nic.-Mar. Ozanne, par *Jeanne-Françoise Ozanne* et M.^r *Le-Gouaz. Paris*, 1774, *in-fol. v. éc. fil. et tr. d.* — Recueil d'Estampes représentant les différens Evénemens de la Guerre qui a procuré l'indépendance aux Etats-Unis d'Amérique, seize Estampes *in-4.* par MM. *Godefroy* et *Ponce.* 1 *vol. cart.*

457 Collection complète des Tableaux historiques de la Révolution française. *Paris*, 1804, 3 *vol. in-fol.* brochés, *pap. vél. fig.*

458 Tableaux historiques des Campagnes d'Italie. *Paris*, 1806, 16 *liv.* (*en* 14 *cahiers*) *in-fol. broch. pap. vélin;* les Figures d'après les Dessins de Mr Vernet, par d'habiles Graveurs modernes.

Antiquités, Ruines de Villes, et autres Monumens.

459 Antiquités Etrusques, Grecques et Romaines, tirées du cabinet d'Hamilton. *Naples*, 1766—67, les 1.er et 2.me *vol. in-fol. cart. fig.* †

460 Les Ruines des plus beaux Monumens de la Grèce, par *Le Roy. Paris*, 1770, 2 *vol. in-fol. cart. rel. en un vol.* — Les Figures du Temple et du Palais de Salomon, par *Maillet. Paris*, 1695, *in-fol. rel. fig. de Séb. Le Clerc*, et autres.

461 Les Antiquités d'Athènes, mesurées et dessinées par Stuart et Revett (ouvrage traduit de l'anglais par L. F. F.), publiées par Landon. *Paris*, 1808, *tome* 1.er, *première partie, in-fol. broché, fig.*

462 Les Ruines de Palmyre, autrement dite Tedmor

au Désert. *Londres*, 1753, *in-fol. rel. fig. au nombre de* 57. †

463 *Vestigi delle Antichità di Roma....*, ou Vestiges des Antiquités de Rome, Tivoli, Poussol, et autres Lieux, par *Egid. Sadeler*, cinquante-une Pièces, Titre compris; — Cent trois autres Morceaux, plusieurs de la suite des anciens Tombeaux romains et étrusques, et des Arcs-de-Triomphe, par *Bartoli;* des Ruines, par *J. Laur. Le Geay*, etc.

464 Recueil d'Antiquités romaines, ou Voyage d'Italie, composé de soixante-six Planches, publié par Basan. *Pet. in-fol. cart.*

465 *Ioannis Bap. Piranesii Antiquariorum regiæ Societatis Londinensis Socii, Campvs Martivs antiquæ Vrbis Romæ*, 1762, *fig. en quarante-huit feuilles;* — *I. B. Piranesii Lapides Capitolini, sive Fasti consvlares Trivmphales Q. Romanorvm, ab vrbe conditâ vsqve ad Tiberium Cæsarem.* Les deux Suites dans 1 *vol. gr. in-fol. rel.* †

466 *Le Rovine del Castello dell' Aqua Giulia* (Ruines du Château-d'Eau de Julie), dix-neuf Planches avec des numéros; — *Descrizione e Disegno dell' Emissario del Lago Albano* (Description de la Décharge du Lac d'Albane), neuf Planches; — *Antichità di Cora* (Antiquités de Cora), dix Planches : ces trois Suites, par *Gio. Bat. Piranesi,* forment 1 *vol. gr. in-fol. rel.* †

467 Recueil de Monumens antiques, Fontaines d'Italie, par *Gio. Maggi* : cent quatre-vingt-six Pièces. 1 *vol. in-fol. rel.* — Porte-Feuille des Artistes, ou nouveau Recueil de Monumens antiques, par *Guyot. Paris*, 1806, *in-fol. cart. fig. au trait.* †

468 Discours du Songe de Poliphile, traduit de l'italien en françois. *Paris*, 1554, *petit in-fol. rel. fig. en bois.*

469 Antiquités gauloises et romaines, recueillies dans les jardins du palais du sénat, par *Grivaud. Paris*, 1807, 1 *vol. in-4., et* 1 *atlas, broch. et cart. fig.* par

Wexelberg, etc. —Collection des plus beaux Ouvrages de l'antiquité, par *Willmin.* 4 *prem. cah. in-fol. obl.*

470 Antiquités de la France (monumens de Nismes), par M. *Clerisseau. Paris*, 1778, *gr. in-fol. cart. fig.*

471 Anciens Monumens français, Peintures sur verre, etc. ; deux cent quarante Estampes au trait. 6 *vol. in-8. brochés.*

472 *Antiquities of Great Britain.....* ou Antiquités de la Grande-Bretagne, représentant des Vues de Châteaux, de Monastères et d'Eglises, d'après les Dessins de Th. Hearne. *Londres*, 1786, *in-fol. obl. br.: le premier vol. et les deux prem. n.*ᵒˢ *du deuxième, fig. au nombre de cinquante-neuf,* par *Byrne, Ellis, Medland, Middiman, Pouncey, Rooker, Smith, Sparrow, Watts* et *Woollett* (non compris le Titre du premier volume).

473 *Buck's Antiquities....* ou les Antiquités de Buck's, représentant des Ruines de Châteaux, Monastères, Palais, etc., qui existent en Angleterre et dans le pays de Galles, quatre cent vingt-huit Planches; et quatre-vingt-trois Vues de Cités et de Villes principales. *Londres*, 1774, 3 *vol. in-fol. rel. Le troisième est obl. les fig. des 3 vol. sont en tout au nombre de cinq cent onze.*

Peintures, Arabesques, Colonnes, Statues, Médailles, etc.

474 Description des Bains de Titus, ou Collection des peintures des thermes de cet Empereur, soixante Planches avec explication. *Paris*, 1786. — Arabesques antiques des Bains de Livie, quinze Planches avec description abrégée. *Paris*, 1789. Ces deux ouvrages, dont les planches ont été gravées sous la direction de M. *Ponce*, sont tirés sur grand papier, forment 1 *vol. in-fol. cart.*

5 *

475 *Historia vtrivsque Belli dacici....* ou Histoire de toute la guerre faite par Trajan contre les Daces, dessinée et gravée par *Villamena*, d'après les bas-reliefs de la colonne érigée à Rome en l'honneur de cet Empereur. *Rome*, 1576, *in-fol. obl. cart.*

476 La Colonne Antonine, dessinée et gravée par *Pietro Santo Bartoli. In-fol. obl. rel.*

477 *Columna Theodosiana....* ou Colonne élevée en l'honneur de l'Empereur Théodose, gravée en dix-huit Planches, d'après les Dessins de Gentile Belline, par *Jer. Vallet. Paris*, 1702, *in-fol. obl. br.* †

478 Statues antiques, dessinées et gravées à Rome, en cent Planches, par *Perrier*, recueil dédié par lui à Roger Duplessis de Liancourt. *Rome*, 1638, *petit in-fol.* (cent une Planches, le Titre compris).

479 Le même Ouvrage, *exemplaire broché.* †

480 Le cabinet de la Bibliothèque de Sainte-Geneviève, par *du Moulinet. Paris*, 1692, *in-folio*, *rel. fig.* par *Ertinger* : ouvrage divisé en deux parties. †

481 *Imperatorum Romanorum Numismata ex aere mediæ et minimæ formæ, descripta et enarrata per Car. Patinum. Argentinæ*, 1671, *in-fol. rel. fig.* d'après Chauveau, par *Aman*, etc. †

482 Promptuaire des Médailles des plus renommées personnes, depuis le commencement du monde. *Lyon*, 1577, *in-4. parc. fig. en bois. — Reliqvæ Augustarum Imagines, opvs Aen. Vicus*, en cinquante-deux Planches. *Vol. in-4. parch.*

Cérémonies diverses.

483 La pompeuse et magnifique Cérémonie du Sacre de Louis XIV, à Reims, le 7 juin 1654. *Paris*, 1655, *gr. in-fol. cart. fig.* par *Le Pautre* (*texte gr. in-4. collé à châssis*).

484 Le Sacre de Louis XV, à Reims, le 25 octobre

1722. *Gr. in-fol. v. tr. dent. et fil. dorés , fig. (le texte gravé.)*

485 Sacre et Couronnement de Louis XVI , à Reims , le 11 juin 1775. *Paris, 1775, in-4. cart. fig.* par *Patas.*

486 Cérémonies et Fêtes du Sacre et Couronnement de Sa Majesté impériale Napoléon I.er , à Paris , le 2 décembre 1804. *Paris , 1806 , gr. in-fol. cart. fig. coloriées.*

487 *Narrazione delle solenni reali Feste....* ou Description des Fêtes célébrées à Naples pour la naissance de Philippe , prince royal des Deux-Siciles. *Naples,* 1749.—Entrée triomphante de Louis XIV et de Marie-Thérèse d'Autriche dans Paris , en 1600. *Paris,* 1662.—Les Plaisirs de l'Isle enchantée , fête donnée à Versailles , le 7 mai 1666, et jours suivans.—Fête de Versailles, 18 juillet 1768; et Divertissement de Versailles , en 1674. *Paris , de l'Imprimerie Royale ,* 1673 — 76 ; *en tout 3 vol. in-fol. rel. fig.*

488 Fêtes données à Paris , en 1739 et 1745 ; — A Strasbourg , en 1744 ; — Au Hâvre , en 1749. *4 vol. in-fol. fig.*

489 Caravane du Sultan à la Mecque , Mascarade donnée à Rome en 1748 , dessinée et gravée à l'eauforte , en trente-deux planches , par *Vien. In-fol. parch. gr. pap.*

Portraits.

490 *Icones veterum aliquot ac recentium Medicorum Philosophorumque Elogiolis suis editæ, opera I. Sambuci. Anvers,* 1574, *in-fol. parch.;* soixantehuit Planches , Titre compris. — Recueil de Portraits d'Hommes illustres du XVIII.e siècle ; trentesept Planches. *Vol. in-fol. broch.*

491 Les illustres Francais , d'après les Dessins de Marillier, par M.r *Ponce,* quarante-neuf Estampes ; — Spectacle historique , par M.r *Godefroy,* (trois livraisons), seizième , dix - septième , et première partie du dix-huitième siècle : en tout 4 cahiers *in-fol.*

LIVRES SUR LES ARTS.

492 Histoire de l'Art chez les Anciens, par *Winkel-mann* (traduite de l'allemand). *Paris*, 1794, 2 *vol. in*-4. *cart.* †

493 Réflexions sur la Peinture, traduites de l'allemand d'*Hagedorn*, par *Huber. Leipzig*, 1775, 2 *vol. in*-8. — Sur la Poésie et sur la Peinture, par *Du Bos. Paris*, 1770, 3 *vol in*-12 ; — Et Traité de la Peinture et de la Sculpture, traduit de l'anglais de Richardson père et fils. *Amsterdam*, 1728 (*les 2 premiers tomes in*-8.) : en tout 7 *vol. rel.*

494 Cabinet des Singuralités d'Architecture, Peinture, Sculpture et Gravure, par *Florent le Comte. Paris*, 1699, 3 *vol.* — Considération sur les Révolutions des Arts, par de *Mehegan. Paris*, 1755, 1 *vol.* — Dictionnaire des Graveurs anciens et modernes, par *Basan. Paris*, 1767, 3 *vol.* — Catalogue des Estampes gravées d'après Rubens, par *Hecquet. Paris*, 1751, 1 *vol.* : en tout 8 *vol. in*-12.

495 Traité des Statues, par *Le Mele. Paris*, 1688, *in*-12; — Méthode pour apprendre le Dessin, par *Jombert. Paris*, 1755, *in*-4. *fig.* — Et seize Cahiers iconologiques des Arts, par *Cochin*, années 1765 à 81.

496 Traité de Mignature, pour apprendre sans maître. *Paris*, 1674; — L'Art de Laver, ou nouvelle Manière de peindre sur Papier, par *Gautier. Lyon*, 1688; — Les Règles du Dessin et du Lavis, par *Buchotte. Paris*, 1754. Ces 3 *vol. rel.*, 2 *in*-18, 1 *in*-8.

497 Dictionnaire des Artistes, par *Heineken. Leipzig*, 1778, 1.er *vol. in*-8. *br.* †

498 Vies des Peintres, par *Delaferté. Paris*, 1776, 2 *vol. in*-8. *rel.* — Vie de Michel-Ange Buonaroti, par *Hauchecorne. Paris*, 1783, *in*-12 *rel.*

499 *Nuova Descrizione del Vaticano....*, ou Nouvelle Description du Vatican et de la Basilique Saint-Pierre, par *Gio: Piet. Chattard. Rome*, 1762, 3 *vol in-12 cart. fig.* †

500 *Breve Relazione....,* ou Relation abrégée des choses les plus remarquables de la ville de Sienne, par *Giovacchino Faluschi. Sienne*, 1784; — *Pitture, Scolture et Architetture....*, ou Peintures, Sculptures et Architectures des Eglises, Lieux publics, Palais et Maisons de la ville de Bologne et de ses environs. *Bologne*, 1782. Ces deux ouvrages *in-12 cart.*

501 *Nuova Guida de Forestieri.....*, ou Nouveau Guide des Etrangers, pour observer et jouir des Curiosités les plus belles et les plus rares de la ville de Naples, par *Ant. Parrino;* augmenté de Notes par son fils. *Naples,* 1725, *in-12 parch. fig.* †

502 *Itinerario overo nuova....,* ou nouvel Itinéraire, ou Description des principaux Voyages d'Italie, par *Franc. Scotti. Rome*, 1650 , *fig.* — *Descrittione di Roma....*, Description de Rome antique et moderne. *Rome* , 1643, *fig. en bois.* — Les Merveilles de la ville de Rome. *Rome,* 1750 , *fig. en bois.* Ces 3 *vol. in-12 rel.* †

503 *Descrizione storica delle Piture....*, ou Description historique des Peintures du Palais du *T. Mantoue,* 1783, *in-8. rel. fig.* — Voyage pittoresque de Paris , par *Dezallier d'Argenville. Paris*, 1765 , *in - 12 rel. fig.* — Description historique des Curiosités de l'Eglise de Paris, par *C. P. G. Paris,* 1763, *in-12 rel. fig.* †

OBJETS D'ARTS ET DE CURIOSITÉS.

Sculpture.

504 Jésus en croix ; près de lui , la Sainte-Vierge , saint Jean et deux Soldats ; Sujet en demi-relief.

—Marsyas attaché à un arbre. (Ce Morceau , en terre , est mutilé). — Six petits Camées, Sujets et Bustes ; et deux Vases couverts et à cannelures : Morceaux en albâtre. †

505 Un Mannequin d'homme et un Mannequin de femme. Ces Figures, garnies en tricot, portent vingt-sept pouces de haut ; elles sont avec des costumes italiens. †

506 Un Mannequin d'homme , Figure en bois vêtue d'un pantalon et d'un gilet en toile. H. 14 p. †

Modèles de Construction navale , etc.

507 Vaisseau de ligne de quatre-vingts canons, gréé et placé sur Caisse à panneau, qui laisse voir la Membrure de la calle. Modèle de vingt-quatre pouces de quille.

508 Chebec de vingt canons , gréé à voiles carrées ; sa Chaloupe à bord. Modèle de vingt-trois pouces de quille , placé sur deux petits pieds.

509 Modèles,—d'un Vaisseau de ligne de quatre-vingts canons,—d'une Corvette de vingt canons, et d'une Goëlette de dix canons , mouillés ; près d'eux , leurs Chaloupes. Morceaux sous cage de verre , de treize pouces sur neuf.

510 Sphère céleste , Sphère terrestre , Instrument à mesurer les Angles.

Encre et Laques de la Chine.

511 Quarante-huit Pains d'Encre de la Chine , sur lesquels sont représentés divers Usages des Peuples chinois. Collection contenue dans deux Boîtes en Laque fond noir , à Dessins de dragons tracés en or. Elles sont enveloppées dans un étui en carton à compartimens , couvert en étoffe du pays.

512 Un Coffre fond noir , le dessus à sujet de paysages , demi-relief en or ; l'intérieur garni en moire bleue. H. 5 p. 9 l.; Larg. 10 p.; Profondeur, 7 p. 9 l. †

513 Un Coffre couvert et à compartimens. Ce Coffre est enrichi de Dessins exécutés en or mat, sur fond aventurine. H. 10 p. 9 l.; Larg. 13 p. 2 l.; Profondeur, 10 p. 2 l. †

514 Douze Feuilles en papier de la Chine; sept fond aurore, à bouquets coloriés; cinq fond rose uni. †

PLANCHES GRAVÉES.

Sujets.

ALBANO. (D'après L')

515 Les Elémens, et Vénus et Adonis, par *Ph. Simonneau* : cinq Planches en travers; cent douze Epreuves des quatre premières Planches, et cinquante-quatre Epreuves de la cinquième. †

CLAUDE LE LORRAIN. (D'après)

516 Un Paysage avec Figures et Animaux, l'eau-forte par MM. *Coiny* et *Pillement* fils; et partie du fini par M.ʳ *Niquet* l'aîné : Planche en T.; deux Epreuves. †

DOMENICHINO. (D'après LE)

517 Les Evangélistes, d'après les peintures des quatre angles du dôme de l'Eglise Saint-André, à Rome, par *Nic. Dorigny* : quatre grandes Planches en hauteur; quatre Epreuves.

LARUE. (D'après *Louis* de)

518 Six Cavaliers de différentes nations, Etudes gravées sous la direction de feu M.ʳ Coiny : six petites Planches en hauteur; six Epreuves.

RUBENS. (D'après *Pierre-Paul*)

519 Le Fils de Rubens, représenté assis dans un fauteuil, gravé par *Salvador*, en 1762 : Planche en hauteur; cent soixante-dix Epreuves, trente-deux sont avant la lettre. †

VERNET. (D'après *Joseph*.)

520 Les Italiennes laborieuses, gravé par *Jac. Aliamet :* Planche en T.; quarante Epreuves. †

Suites.

521 Sept Planches de format in-18, gravées par feu
M.ʳ *Coiny*, d'après sept des trente-deux Sujets de
la Fable de Psyché, composés par Raffaello,
suivant la Description d'Apulée.

Numéros 3, 11, 13, 18, 25, 27 et 29 de la Suite;
celle du numéro 13 n'est pas entièrement terminée; nous
avons joint à ces Planches, 1.° les trente-deux réductions
faites sur les Estampes de Marco-Antonio; dix-huit de ces
réductions ont été raccordées, savoir : quatorze où il y
a des fonds d'Architecture, par M.ʳ *Fontaine*, Architecte
de l'Empereur; les autres par M.ʳ *Coiny;* il n'y a, au
surplus, des réductions que les places données par le Pan-
tographe; 2.° le texte de format in-18 de l'ouvrage portant
pour titre, *les Amours de Psyché et de Cupidon, précédés
du Poëme d'Adonis, par La Fontaine;* 960 Exemplaires
dudit ouvrage, et un paquet de défets. †

522 Vingt-sept Sujets tirés des Contes de La Fontaine, gravés d'après les Dessins de M.ʳ Monnet,
et autres.

Quinze de ces Sujets entièrement terminés, huit dont
les finis sont plus ou moins avancés, et quatre seulement
à l'eau-forte (ces derniers par M.ʳ *Duplessi Bertaux*) :
27 Planches in-18, et le Texte dudit ouvrage imprimé en
2 vol. *Paris, Didot aîné,* 1795; 230 *Exemplaires papier
vélin,* 110 *format in-12, et* 120 *format in-18.* †

F I N.

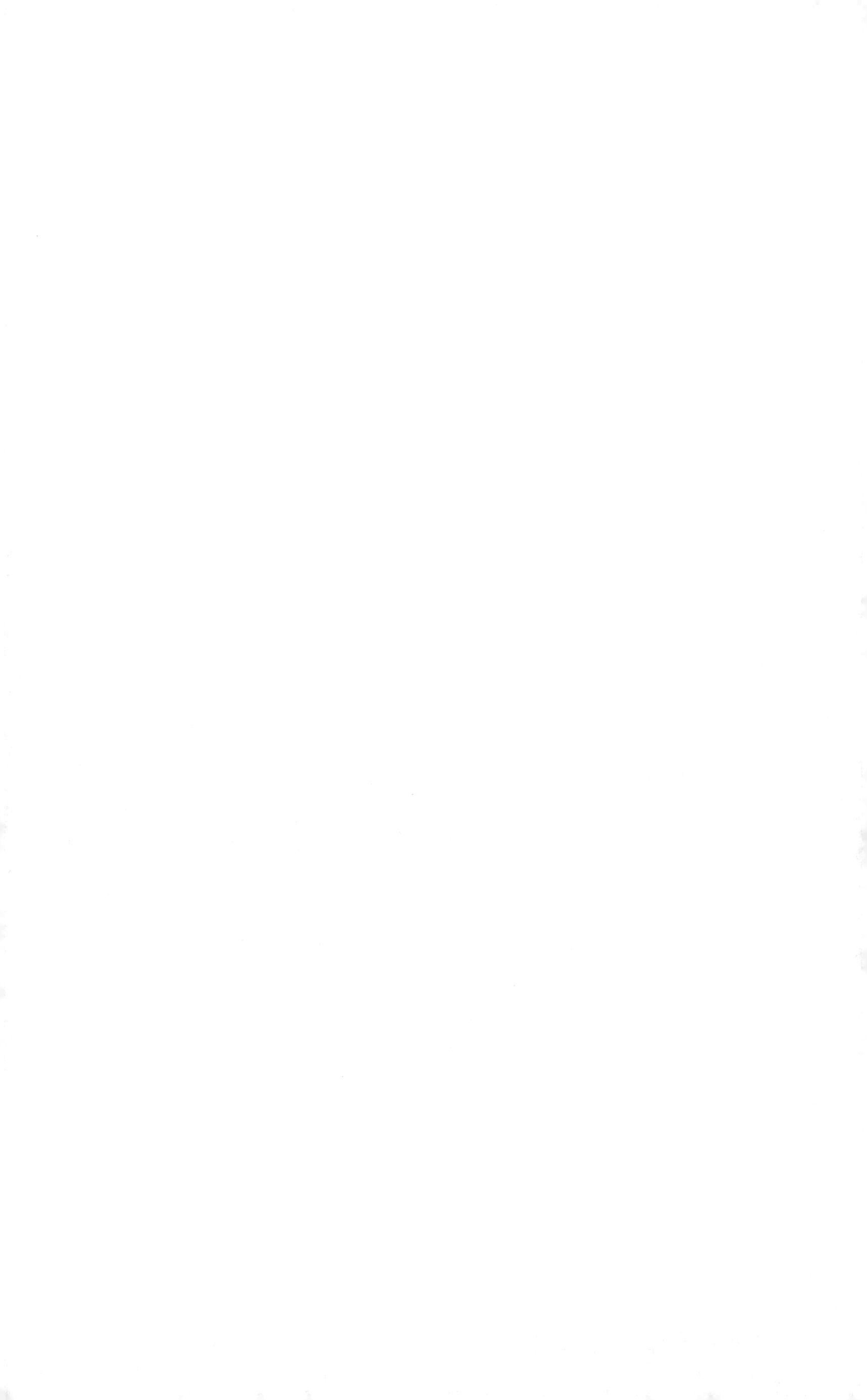

www.ingramcontent.com/pod-product-compliance
Lightning Source LLC
LaVergne TN
LVHW011446180726
843503LV00004BA/1724